Annabell Winkler
Mandalas – Das Malbuch

Mandalas
Das Malbuch

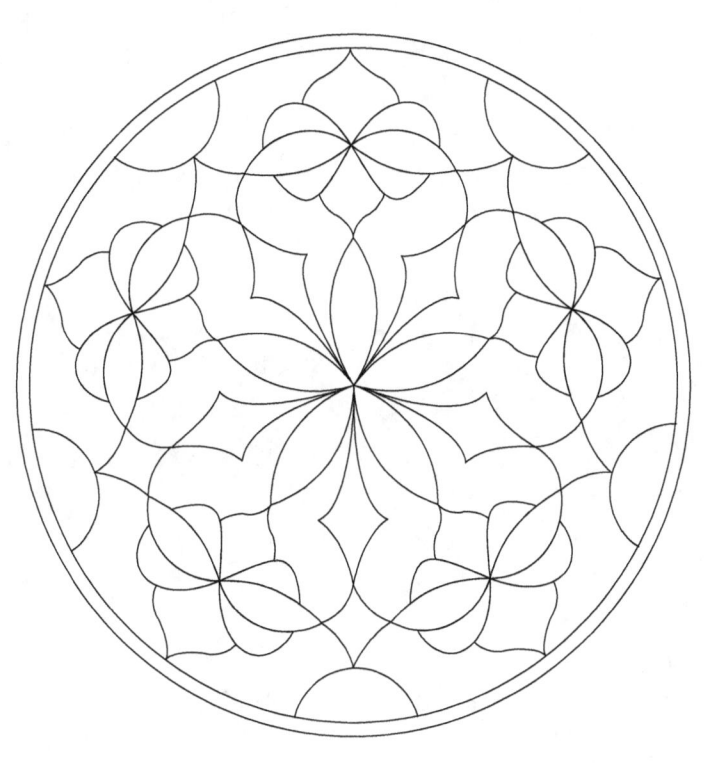

© 2007 Annabell Winkler, Königsbrunn

Alle Rechte vorbehalten.

Das Erstellen von Kopien für den privaten Eigengebrauch ist gestattet.

> Bibliografische Information der Deutschen Nationalbibliothek
> Die Deutsche Nationalbibliothek verzeichnet diess Publikation in der
> Deutschen Nationalbibliografie; detaillierte bibliografische Daten sind
> im Internet über http://d-nb.de abrufbar.

Herstellung und Verlag: Books on Demand GmbH, Norderstedt

ISBN 978-3-8370-1001-5

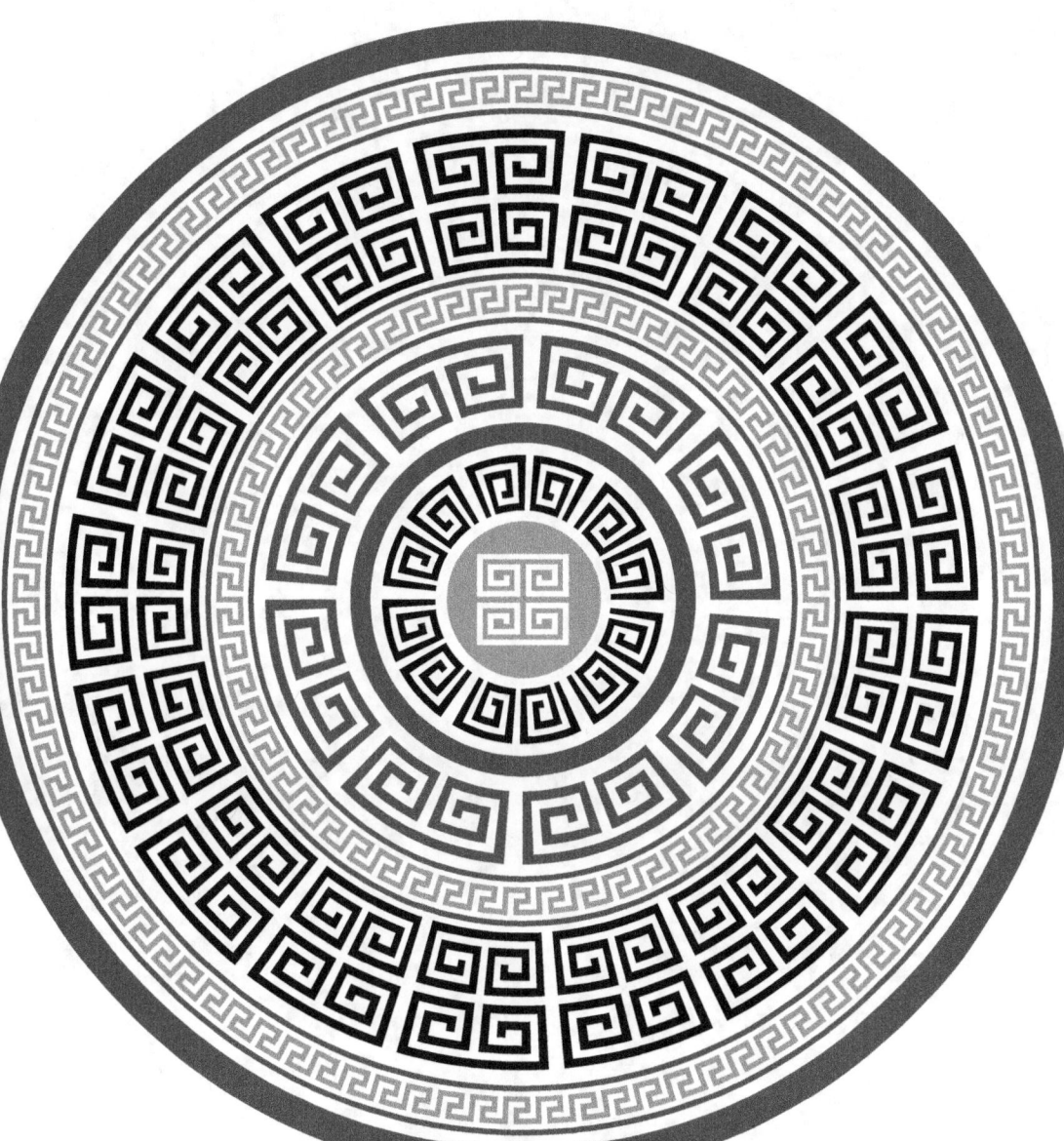

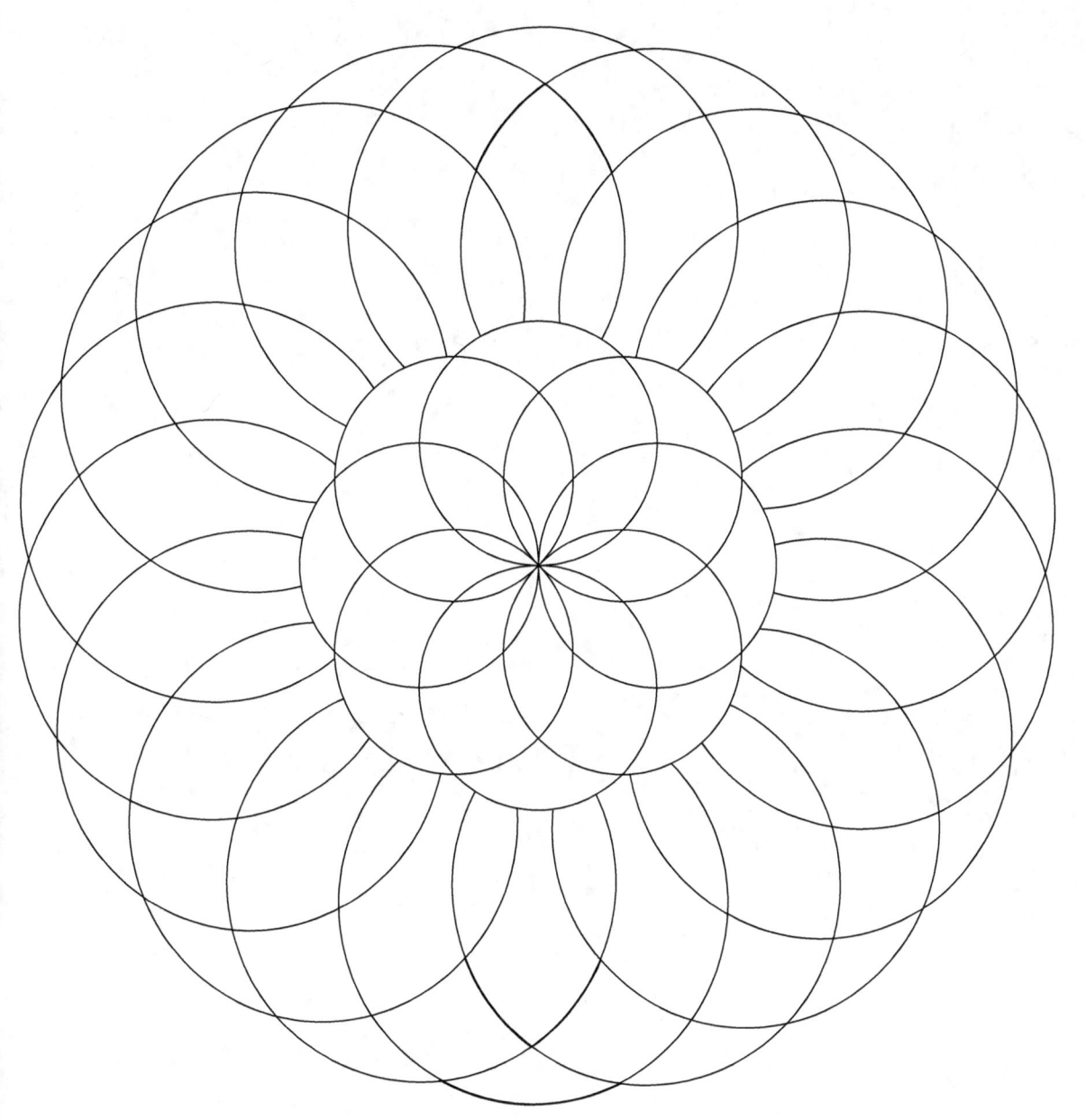

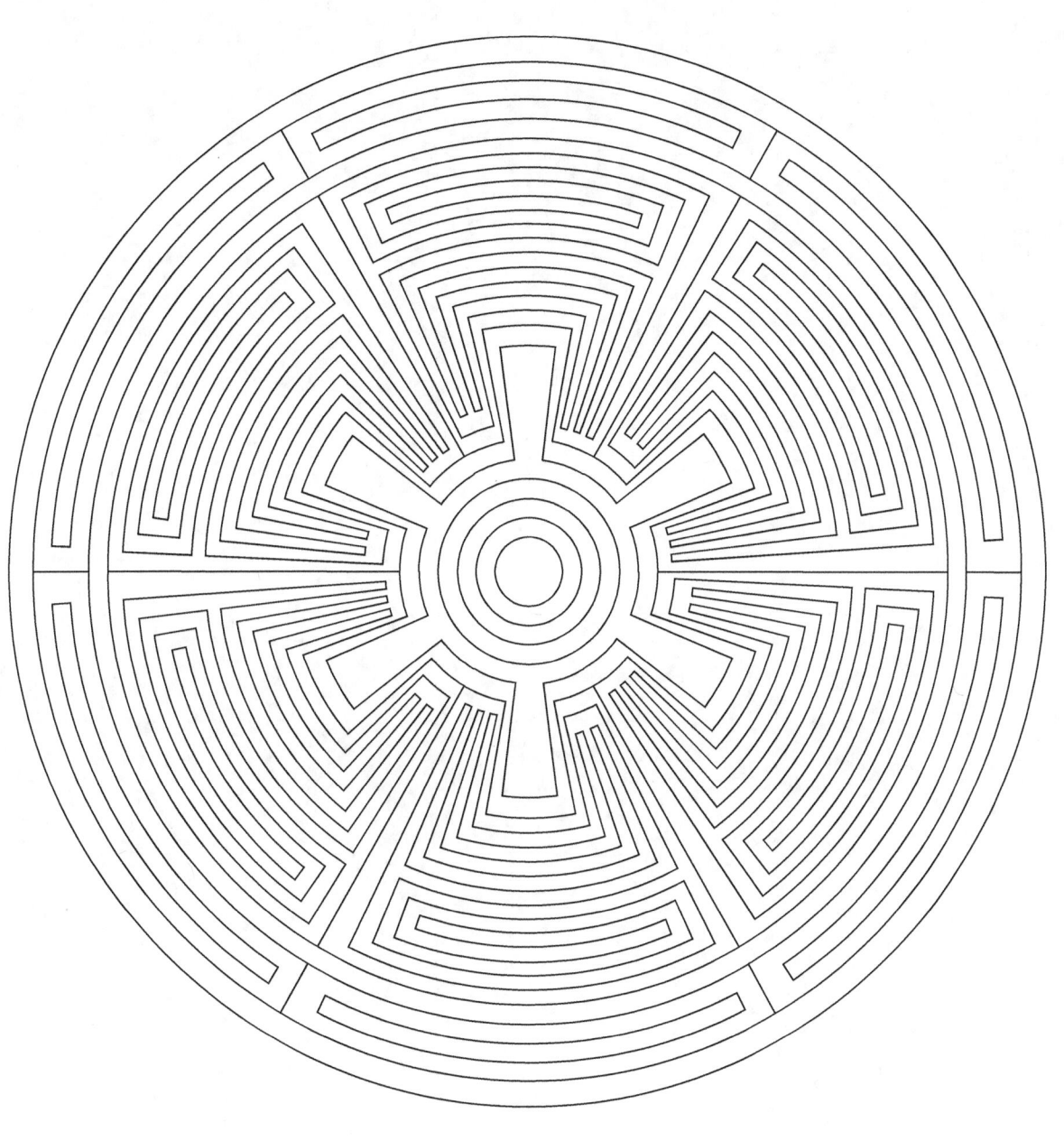

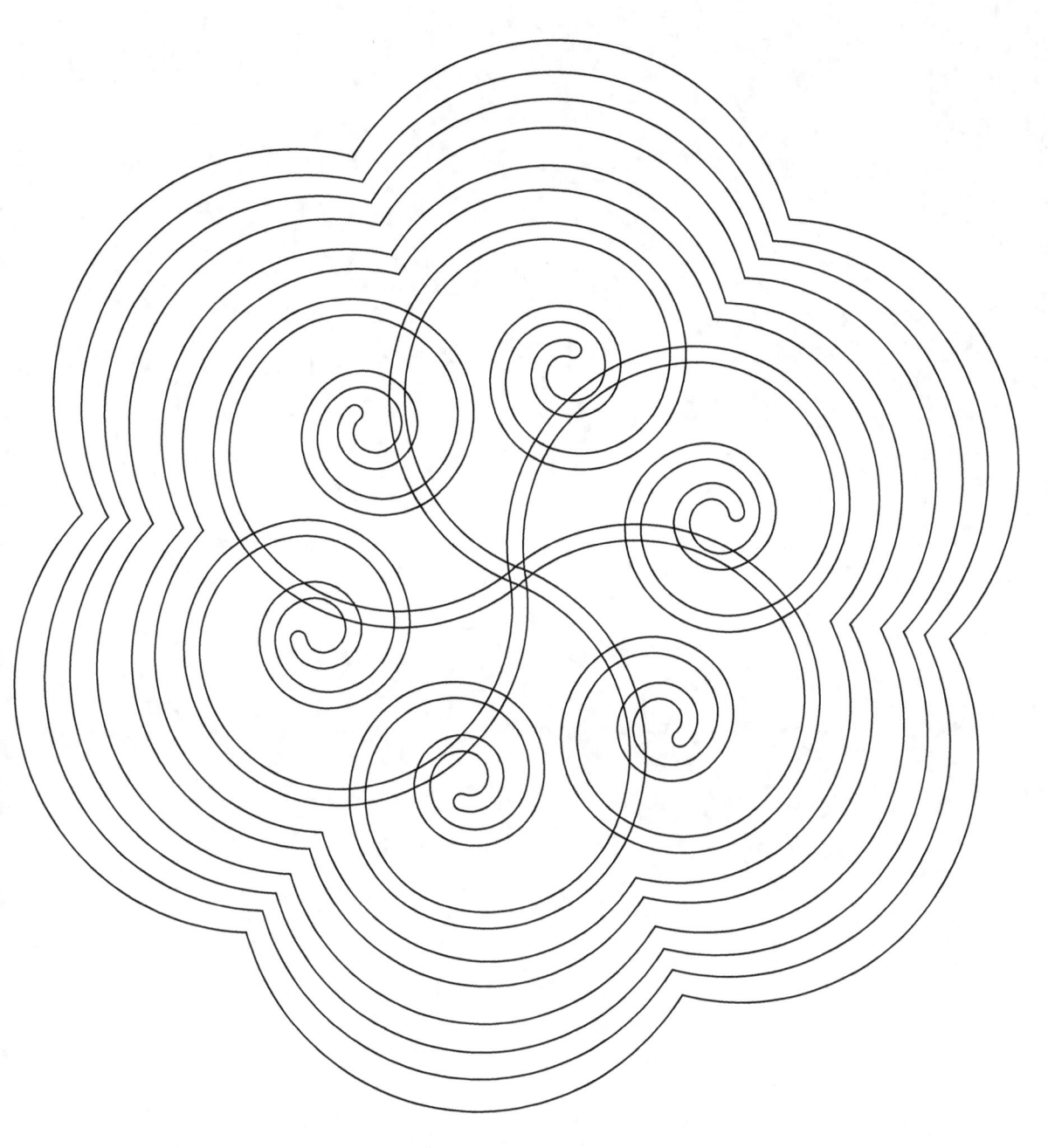

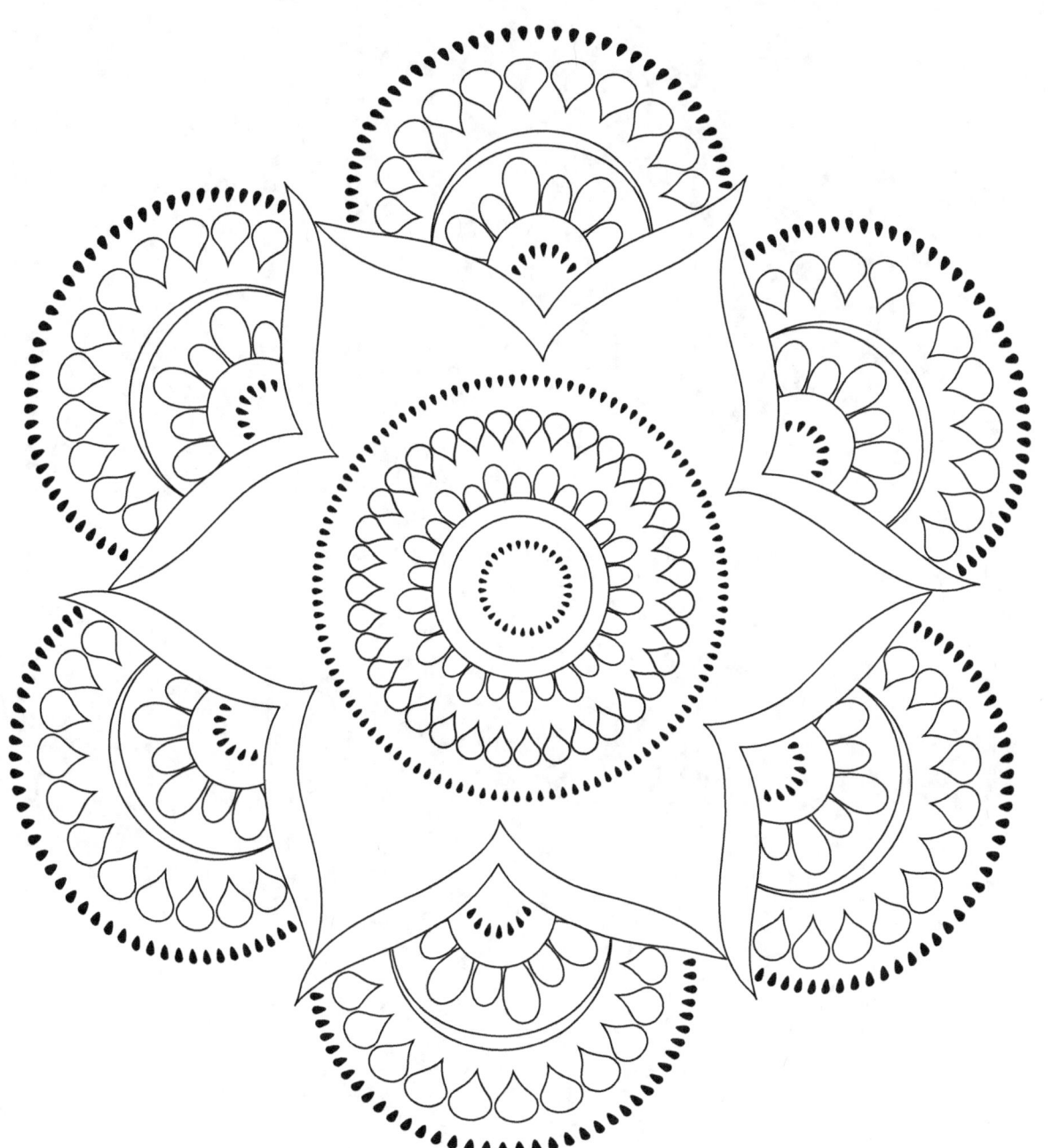

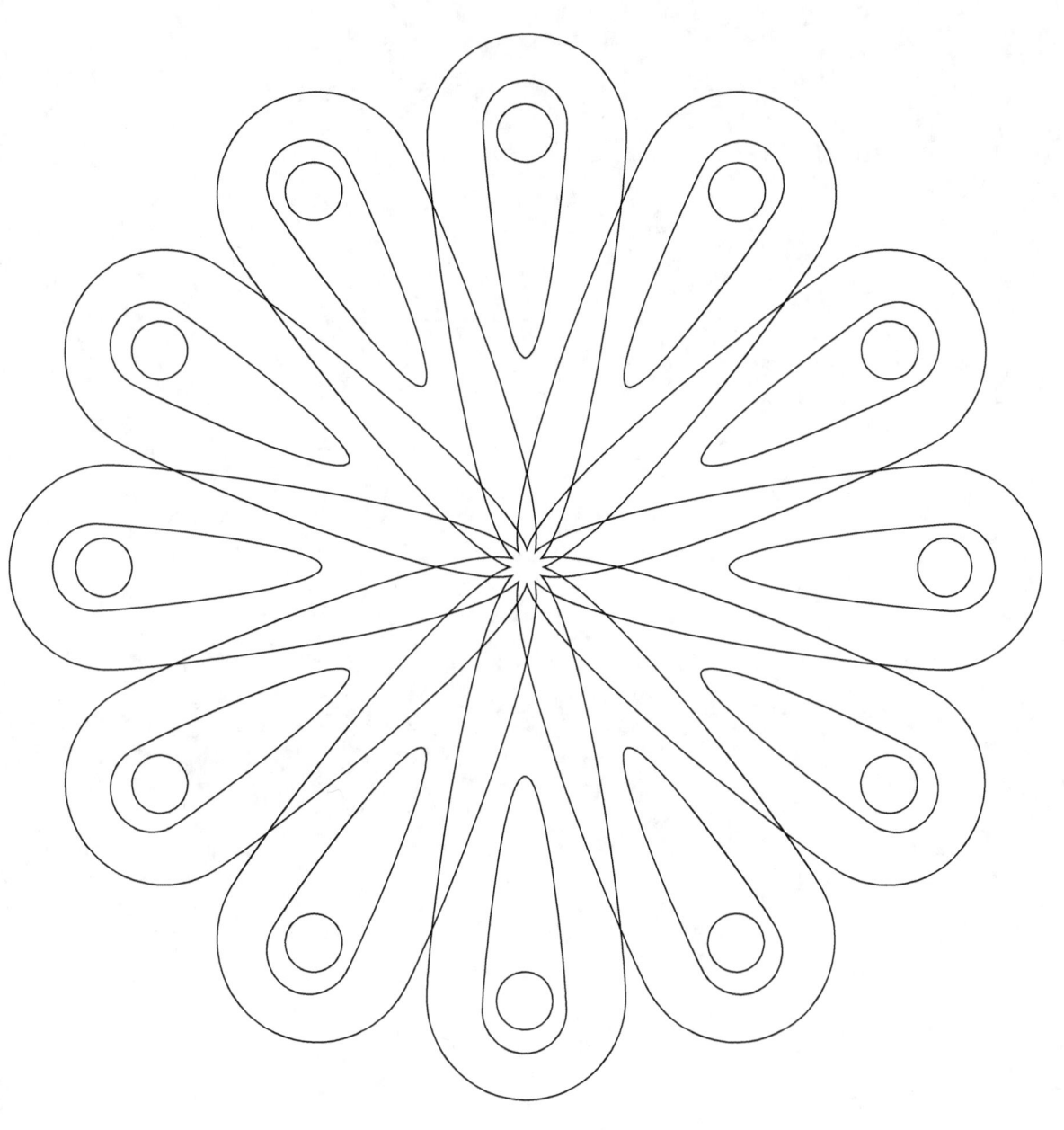

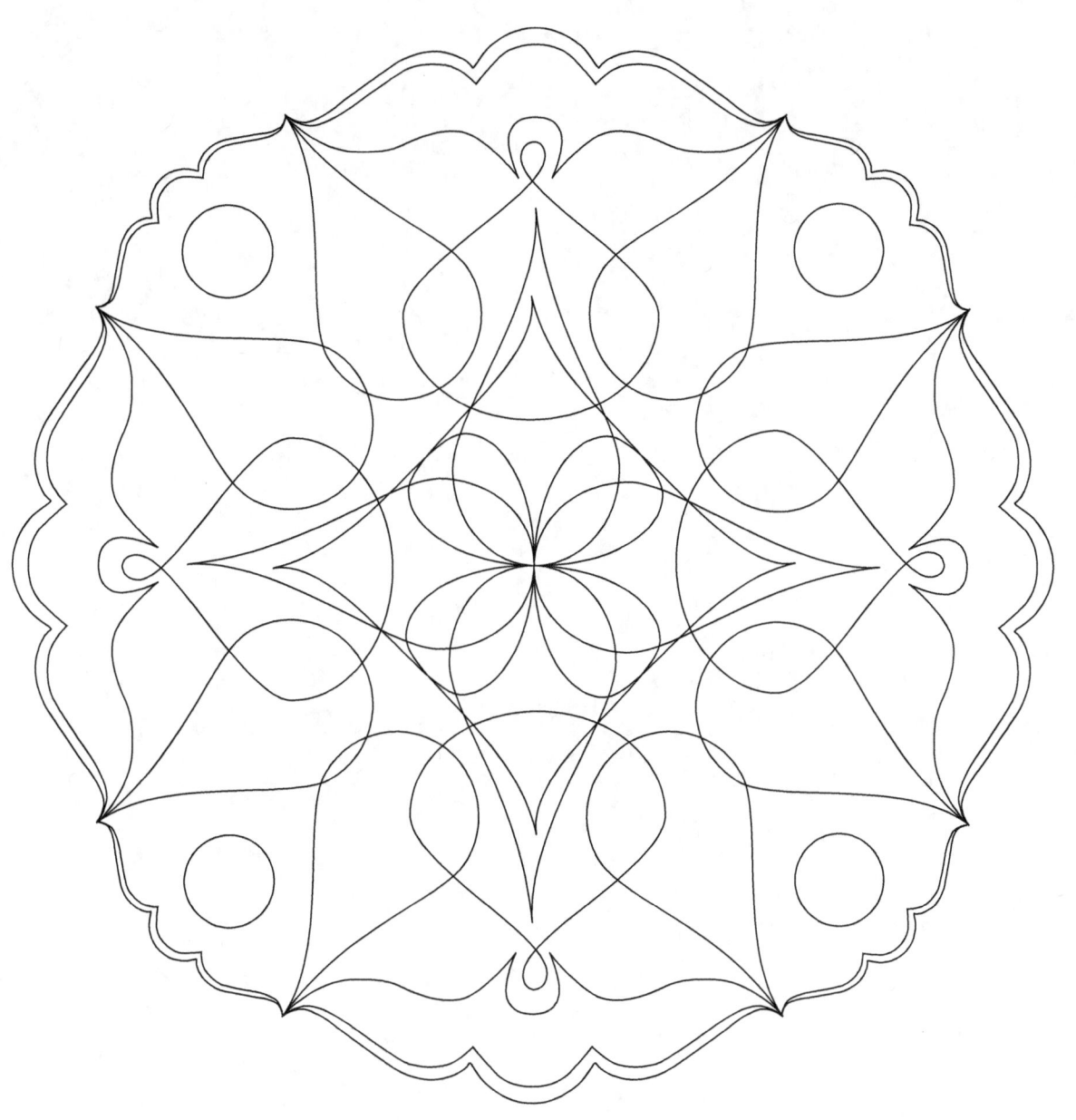

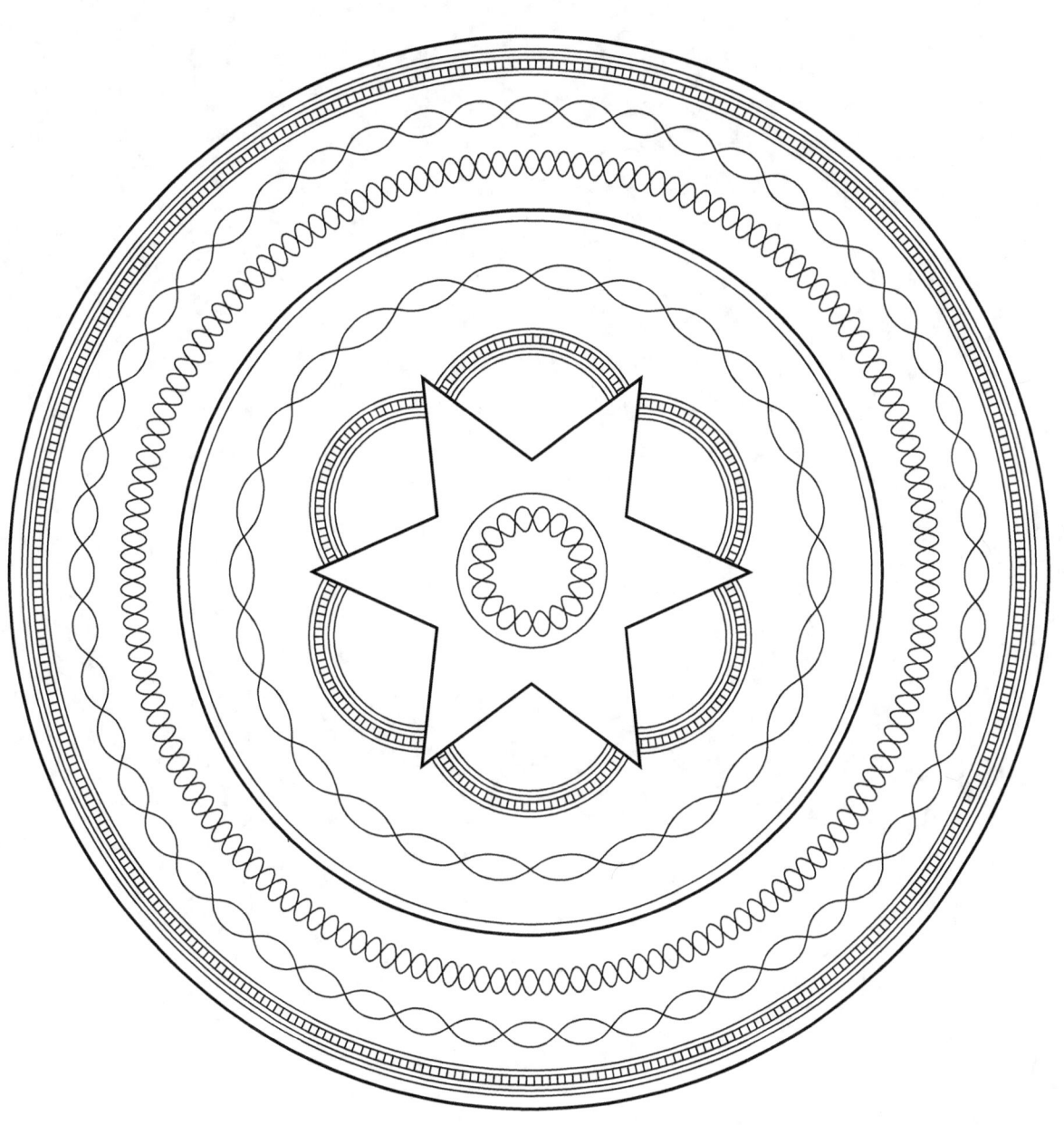

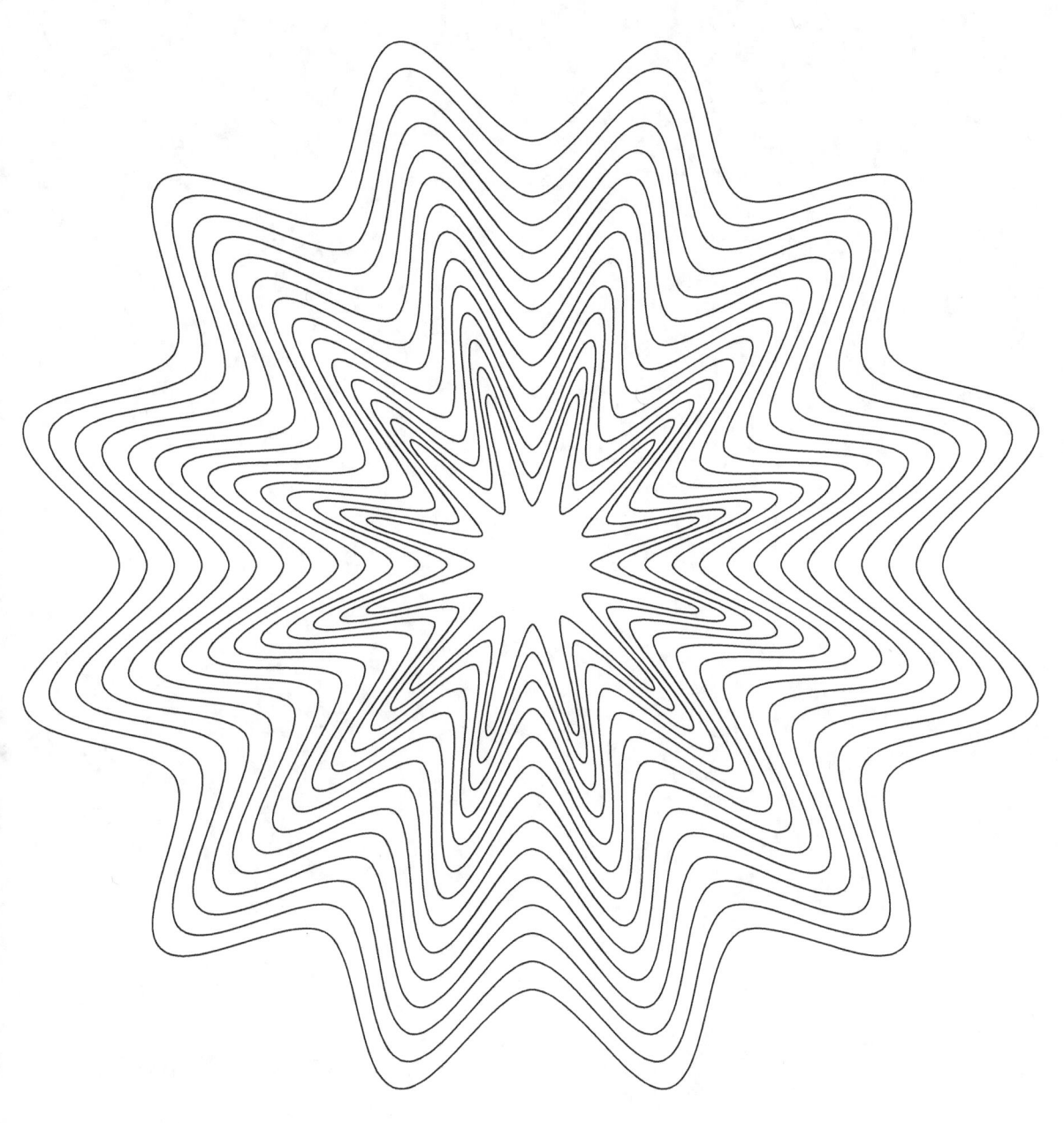

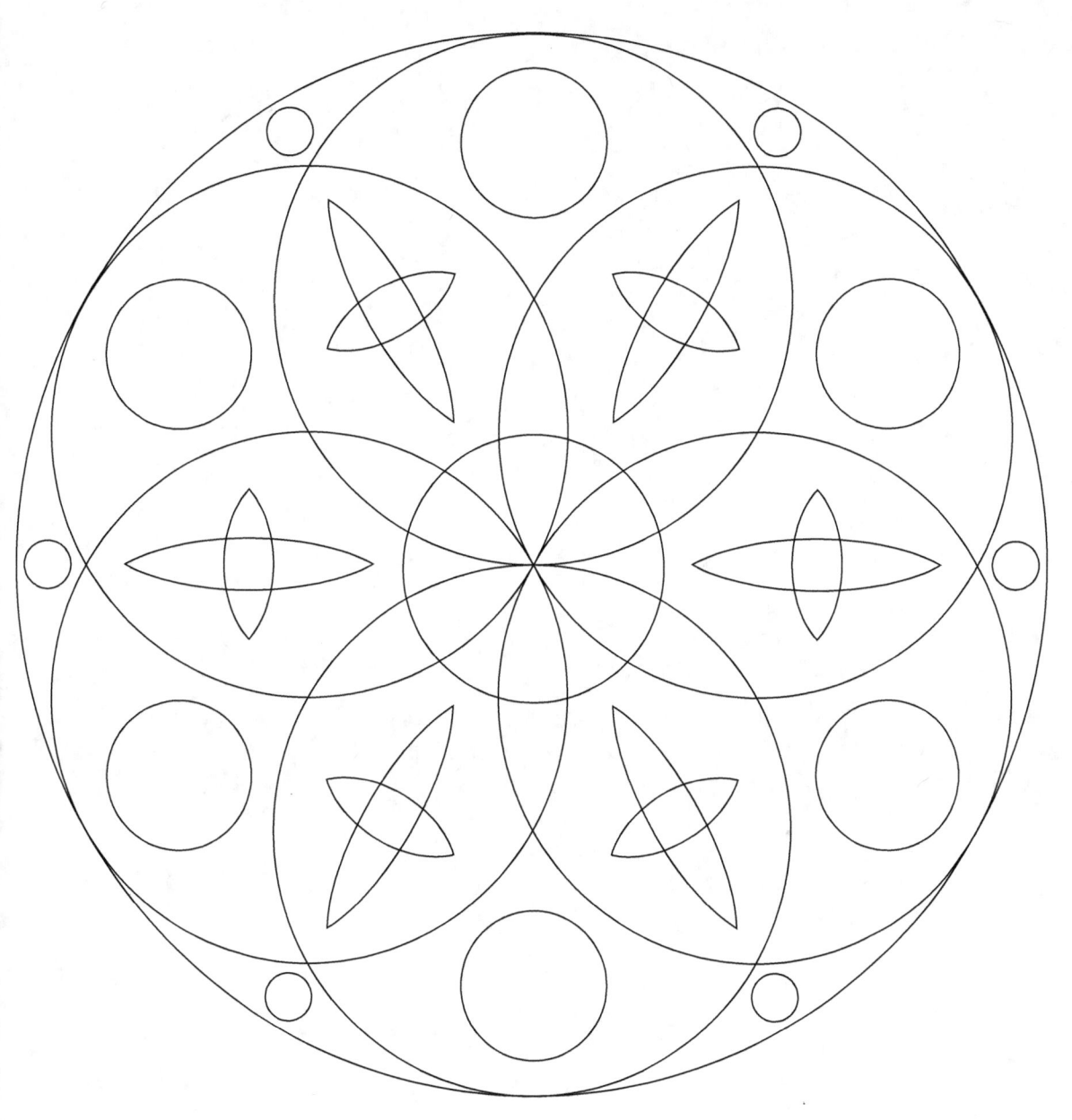

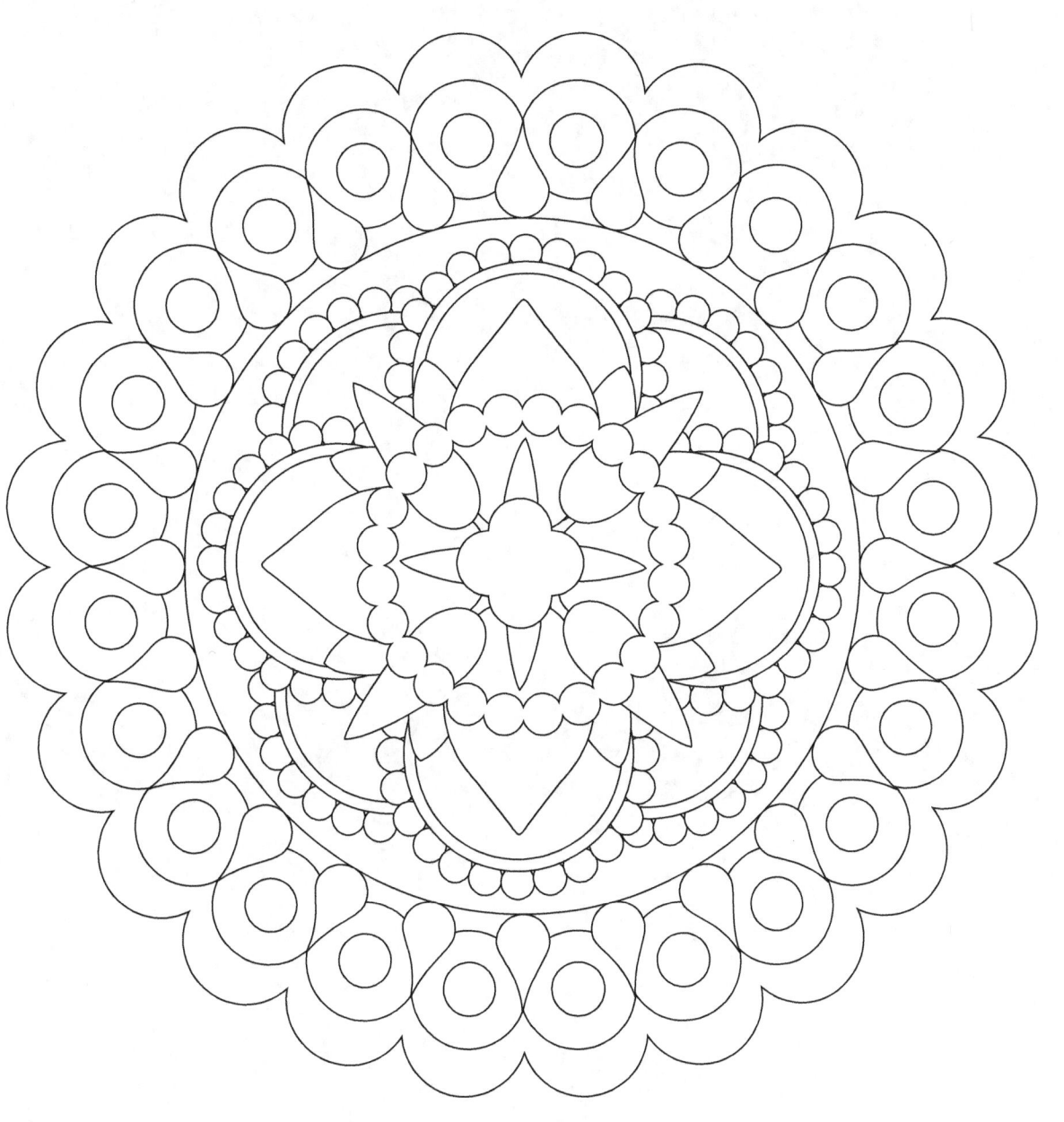

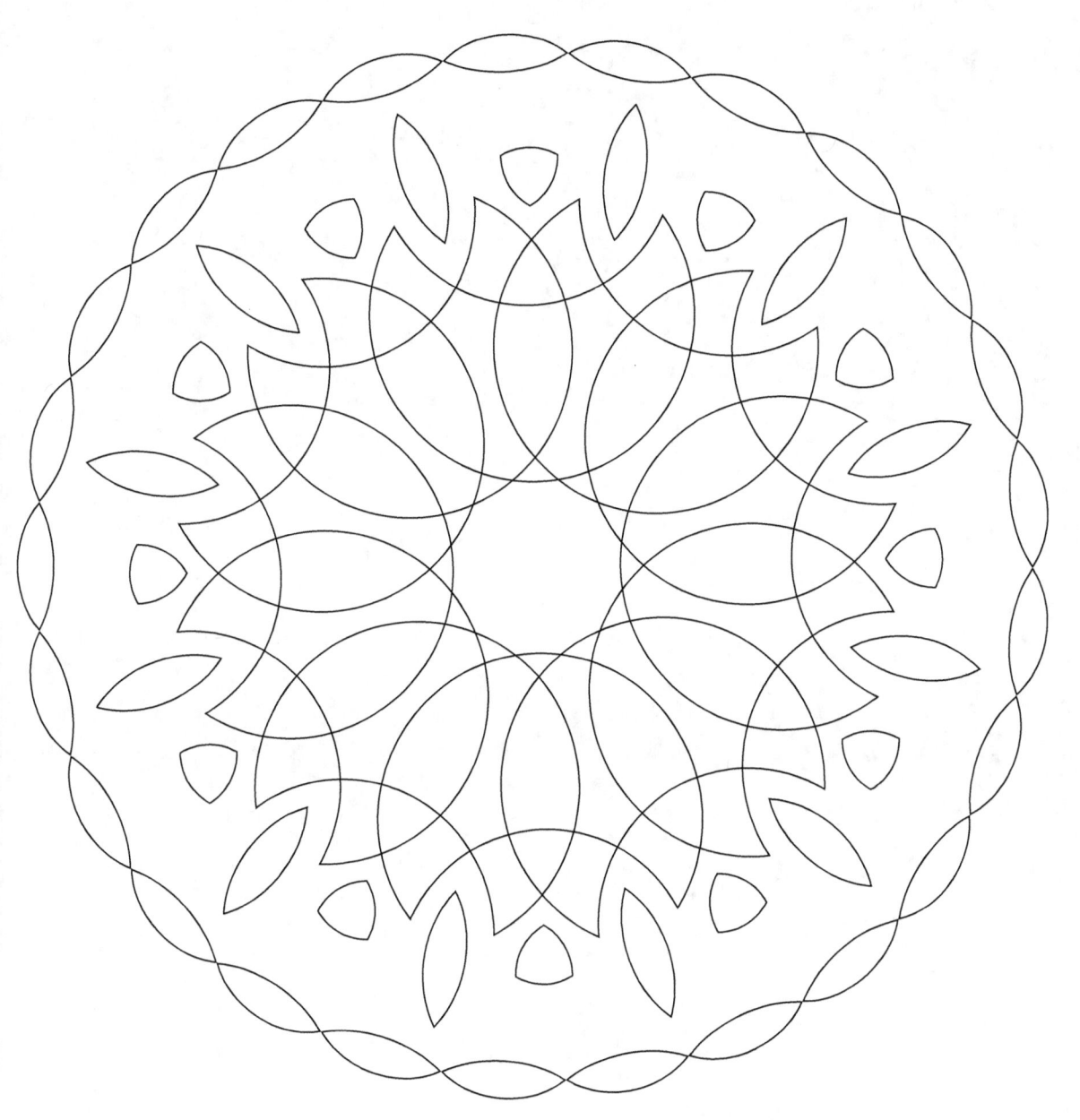

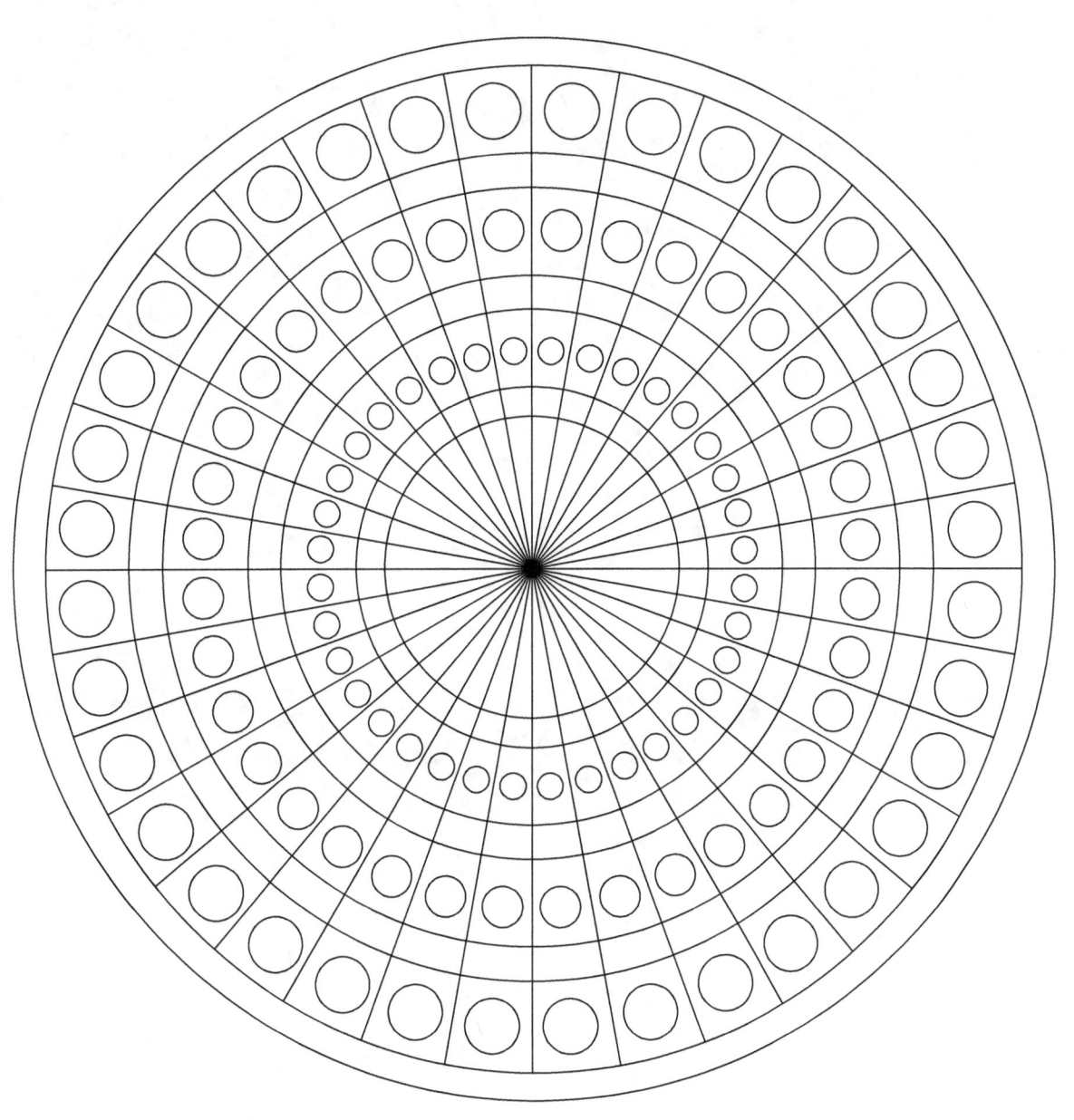

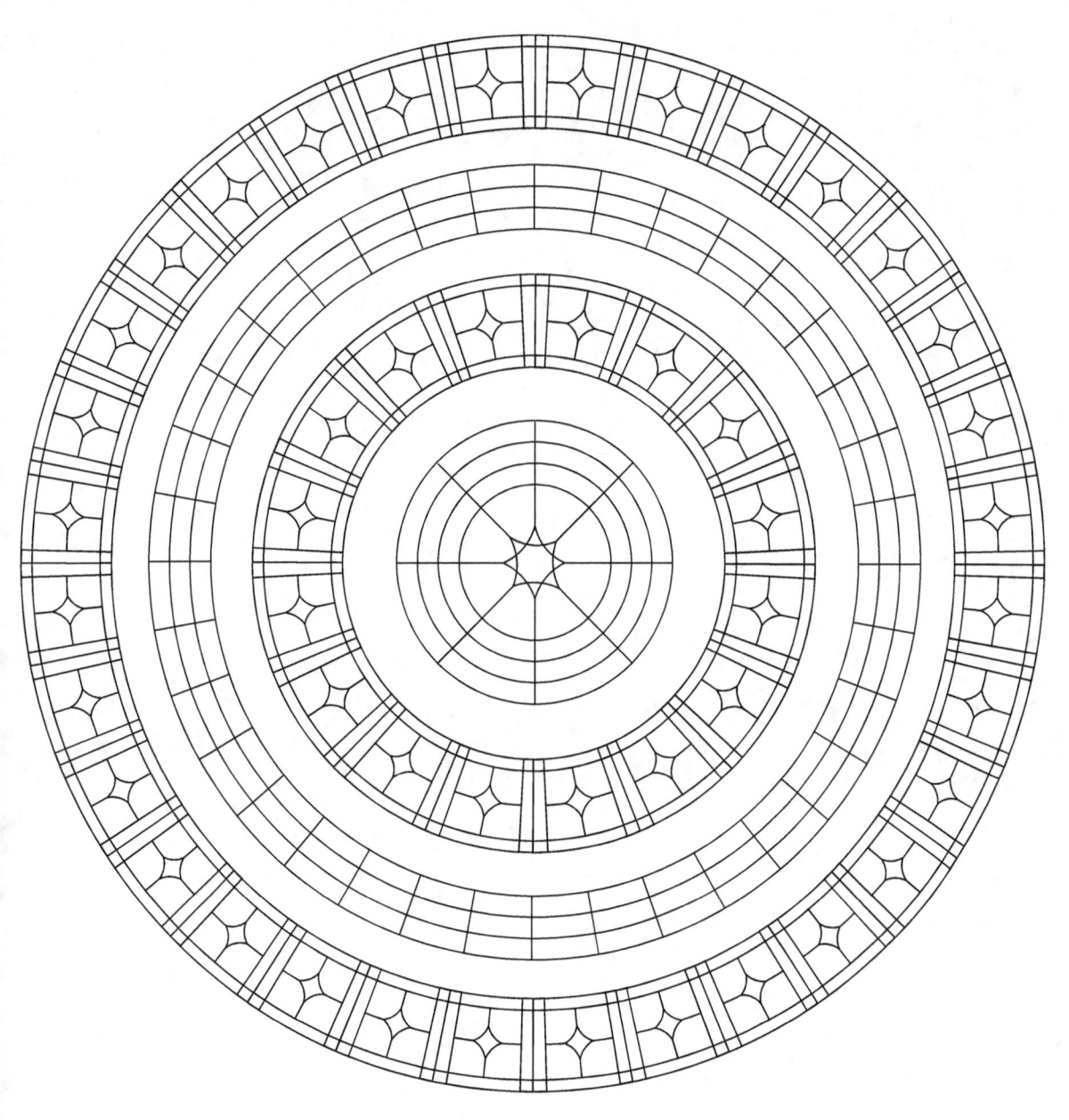

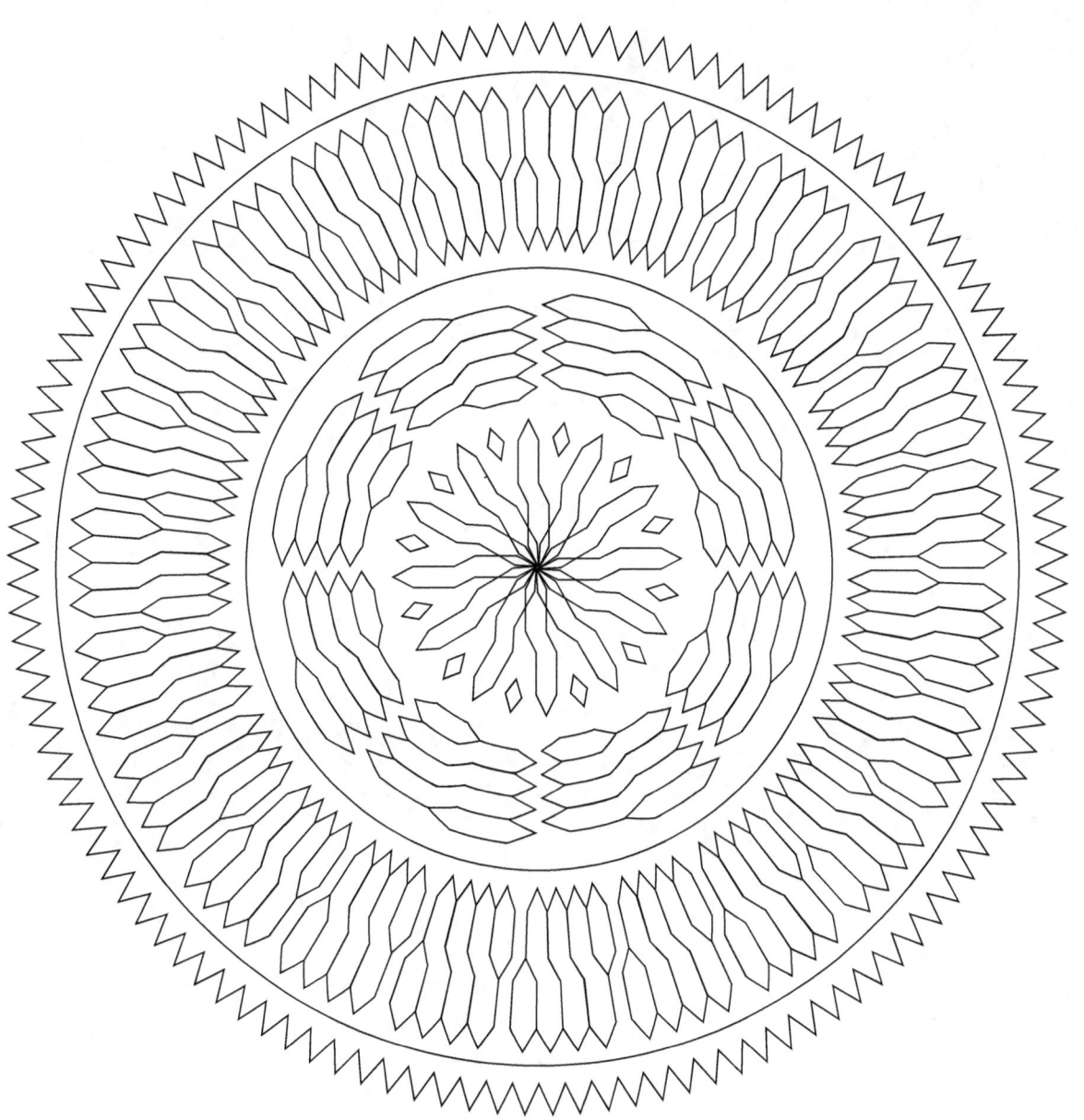

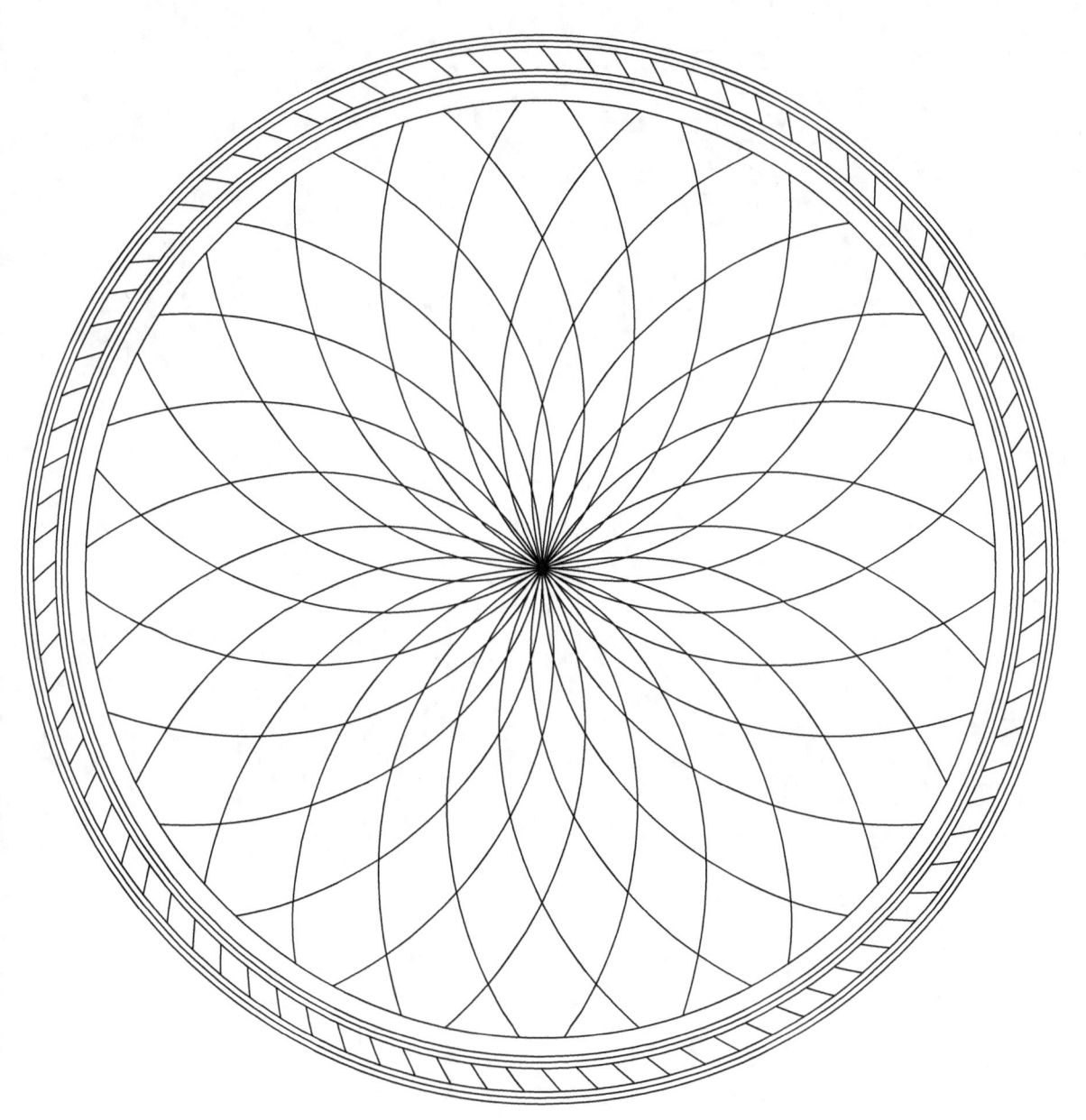

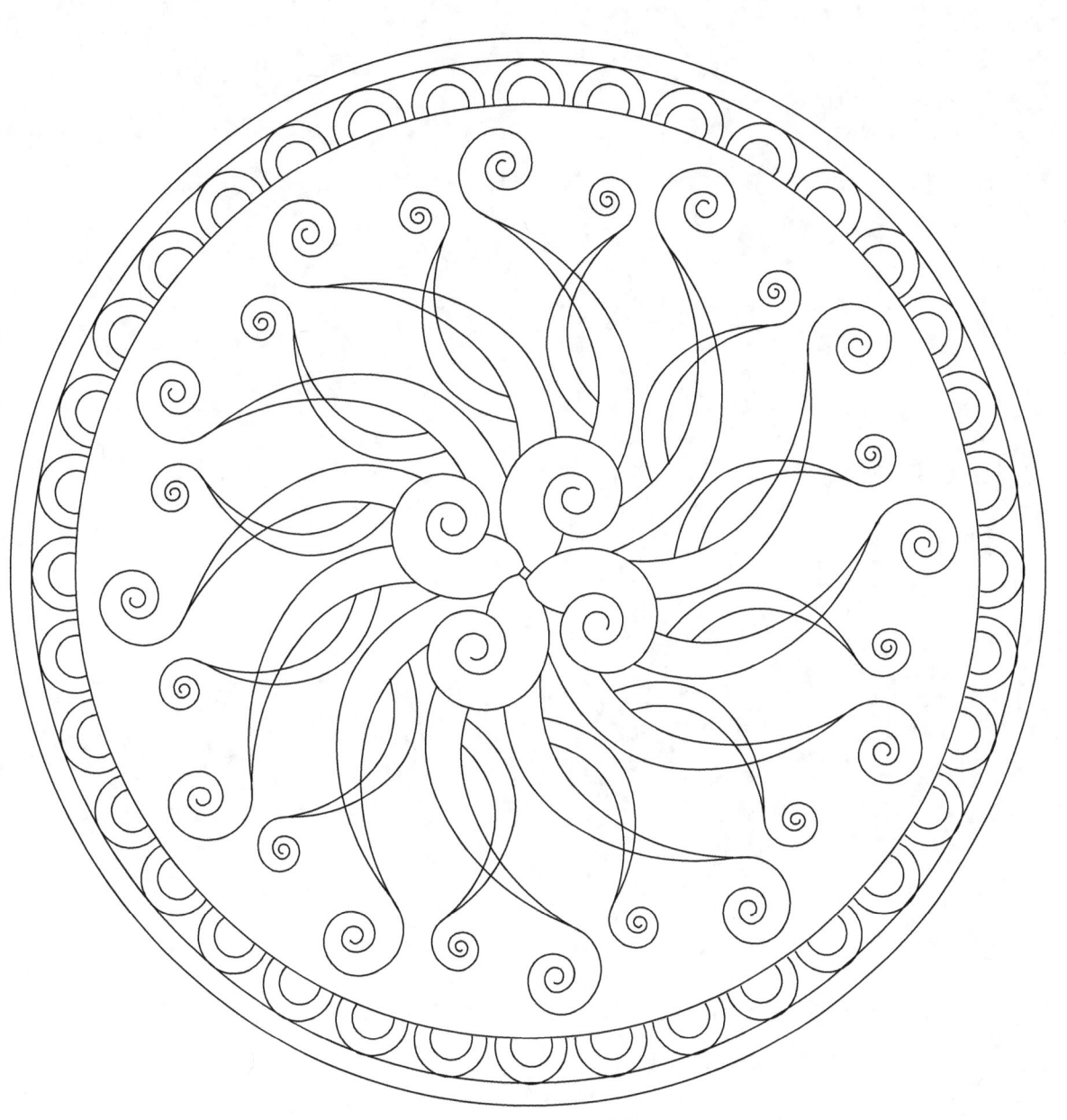

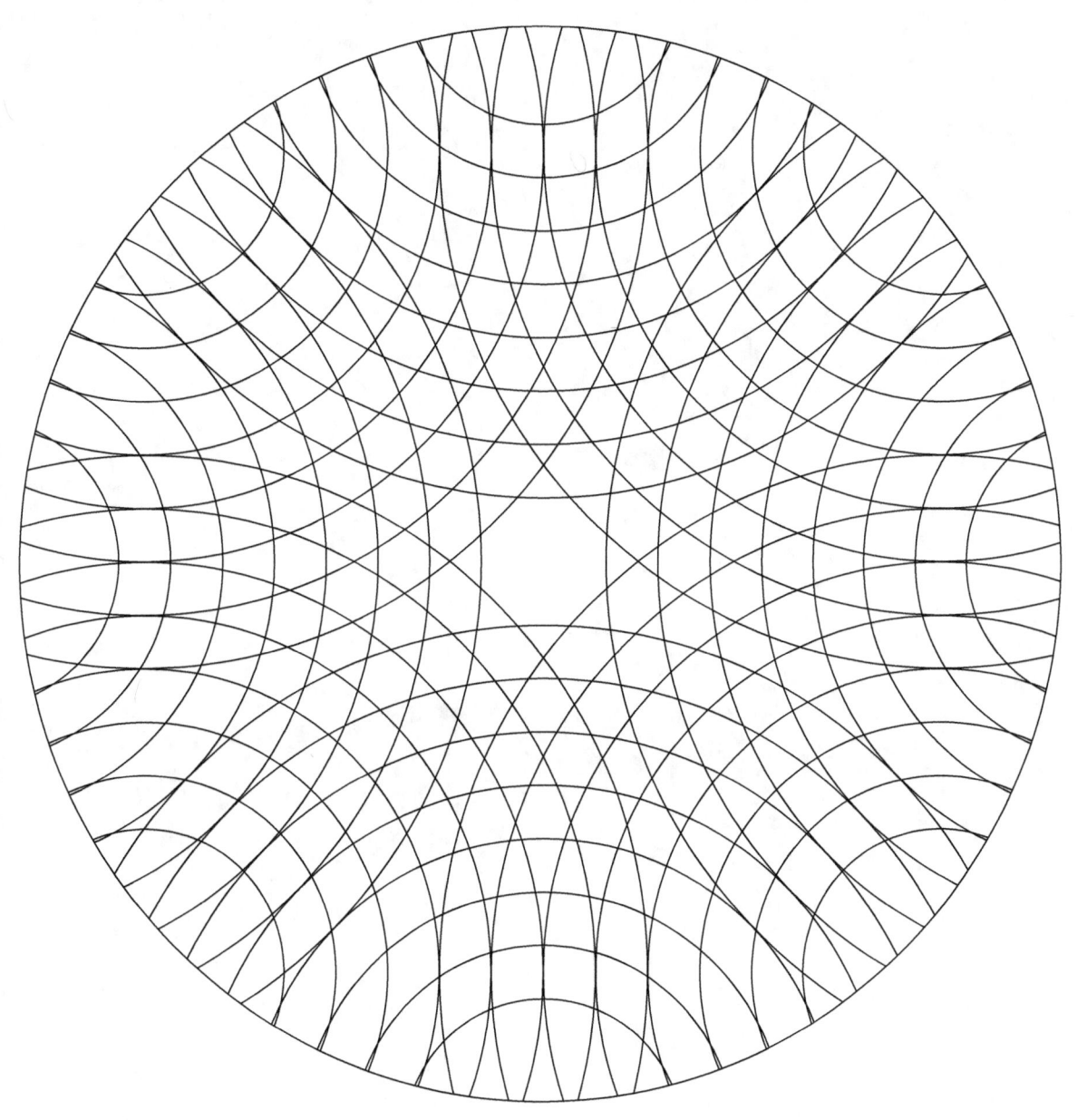

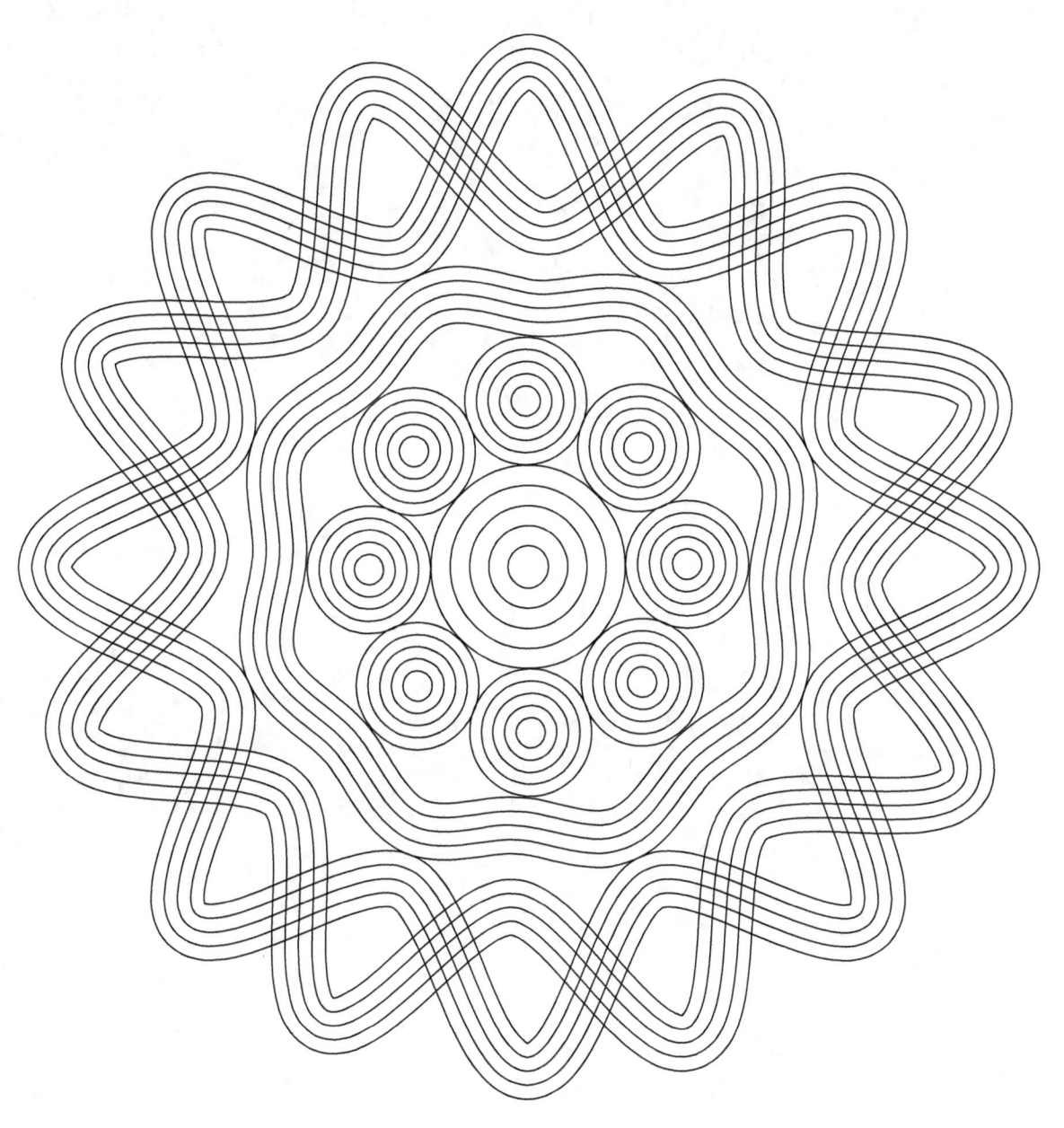

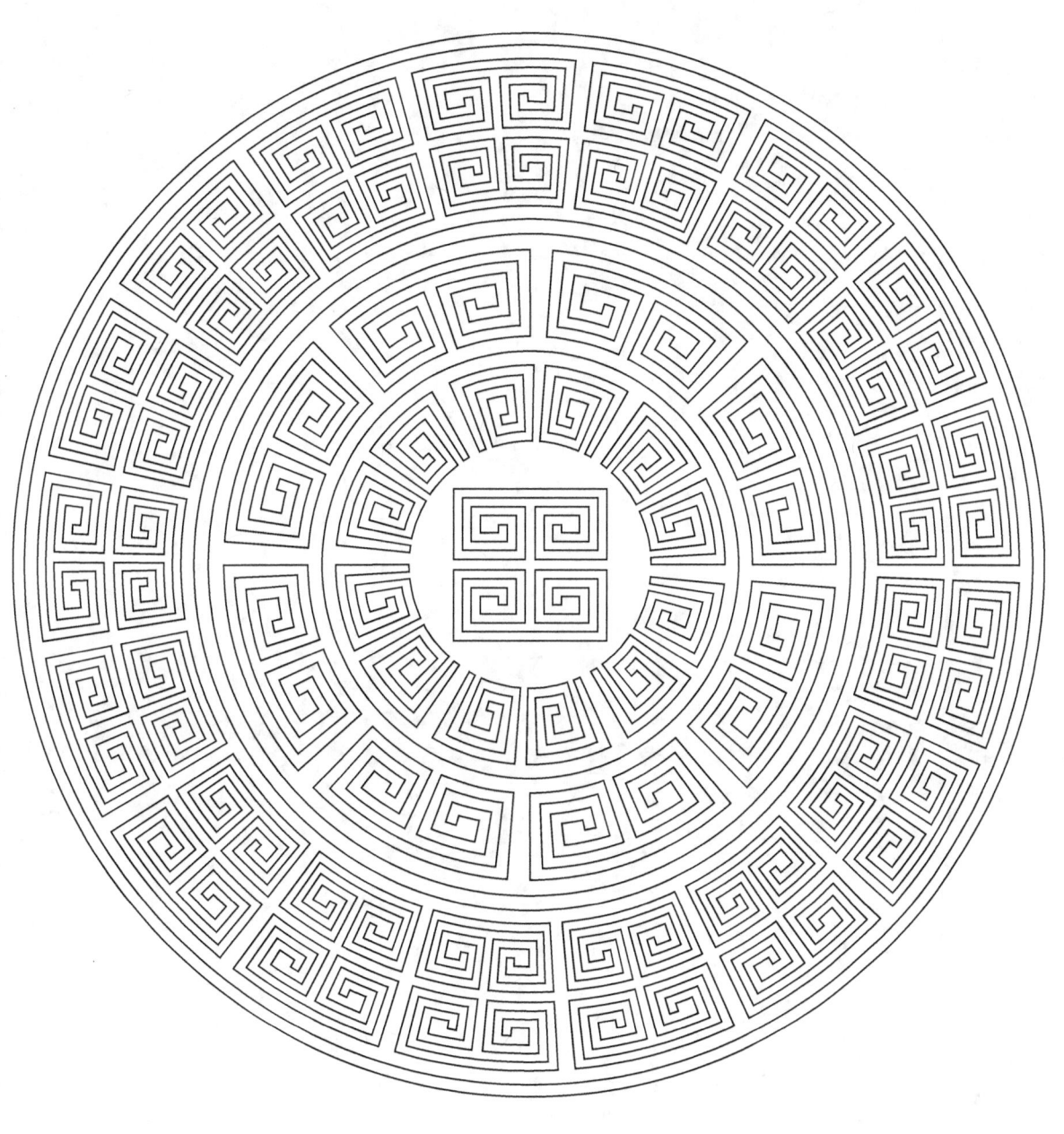

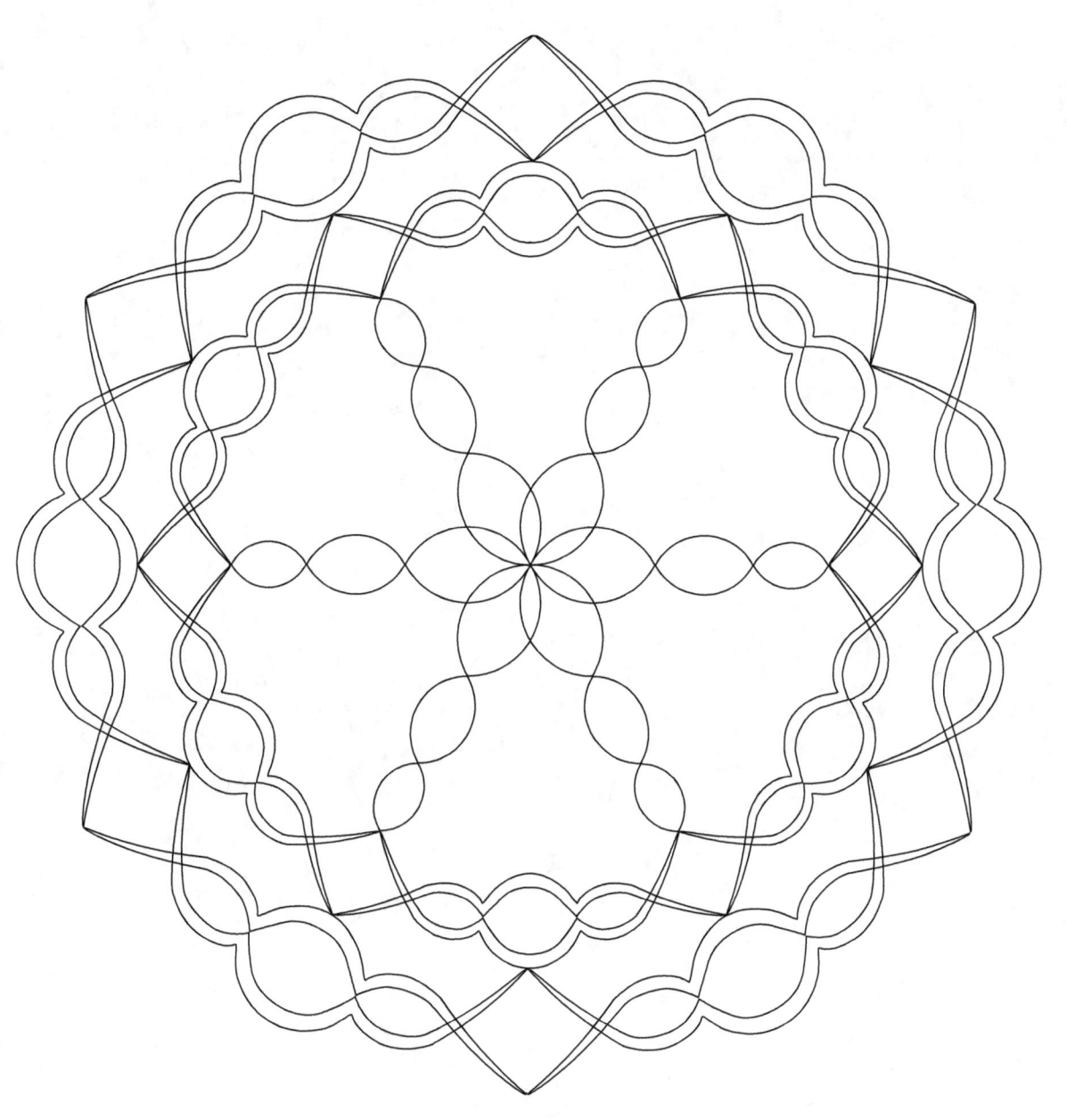

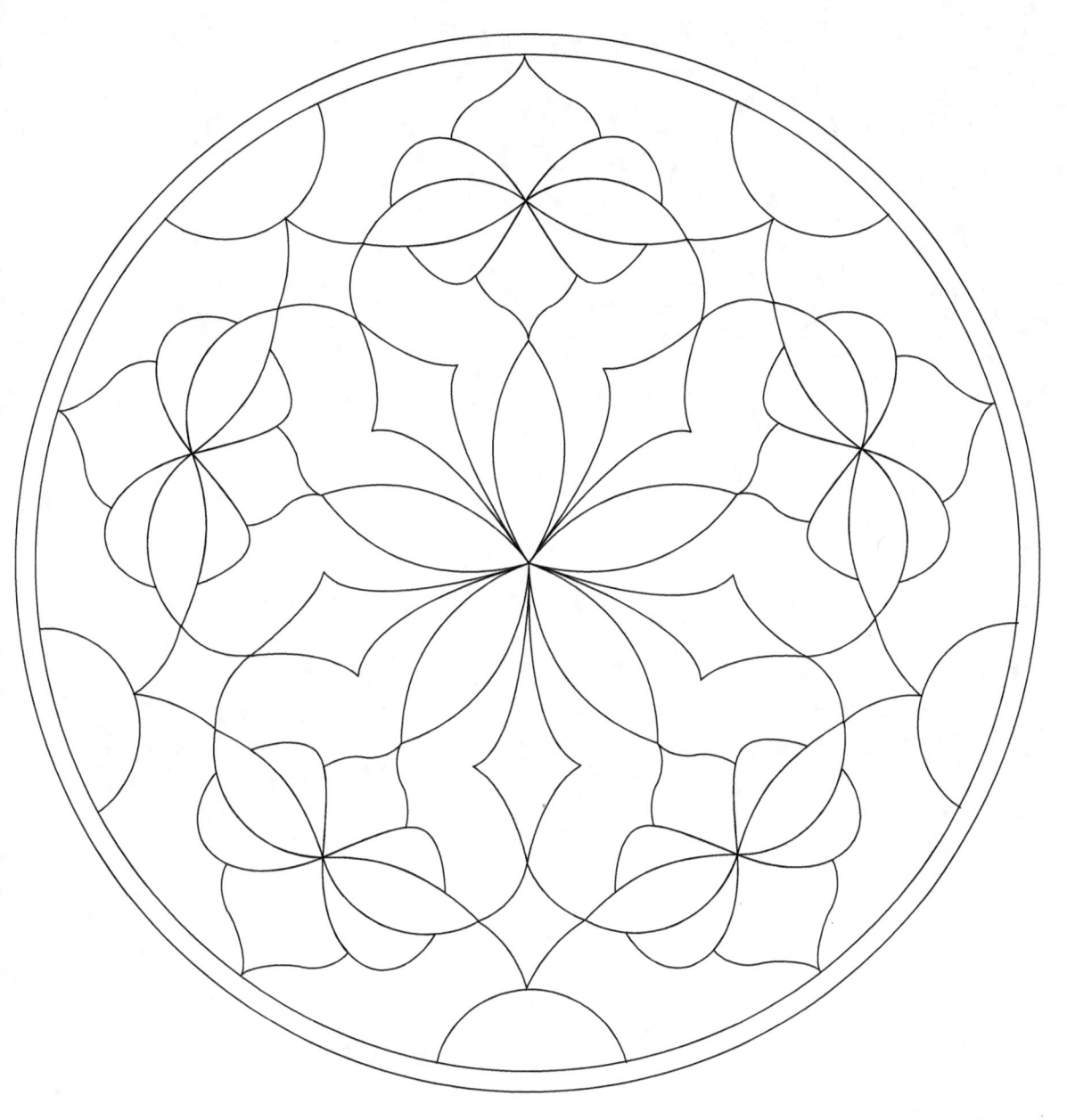

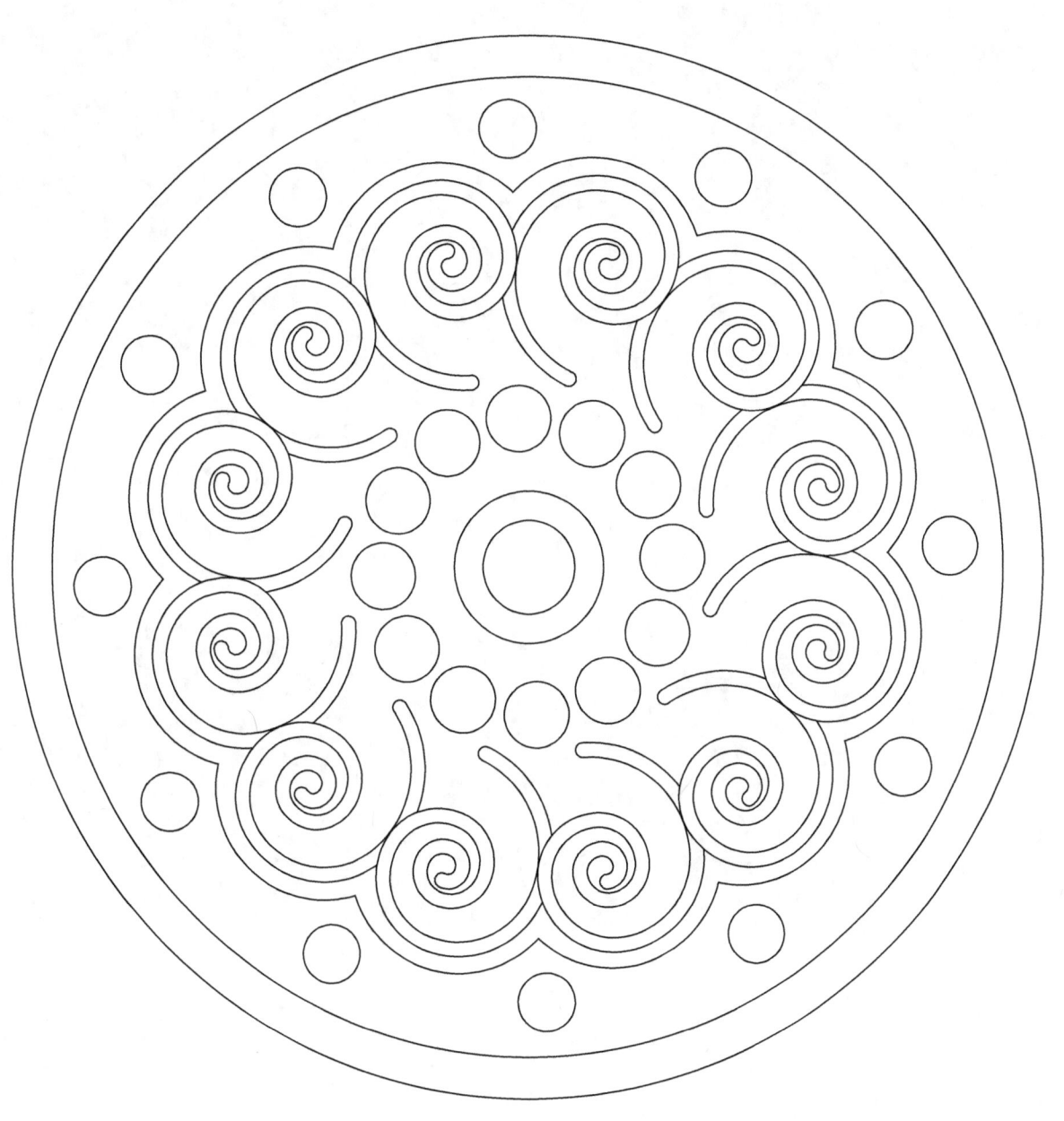

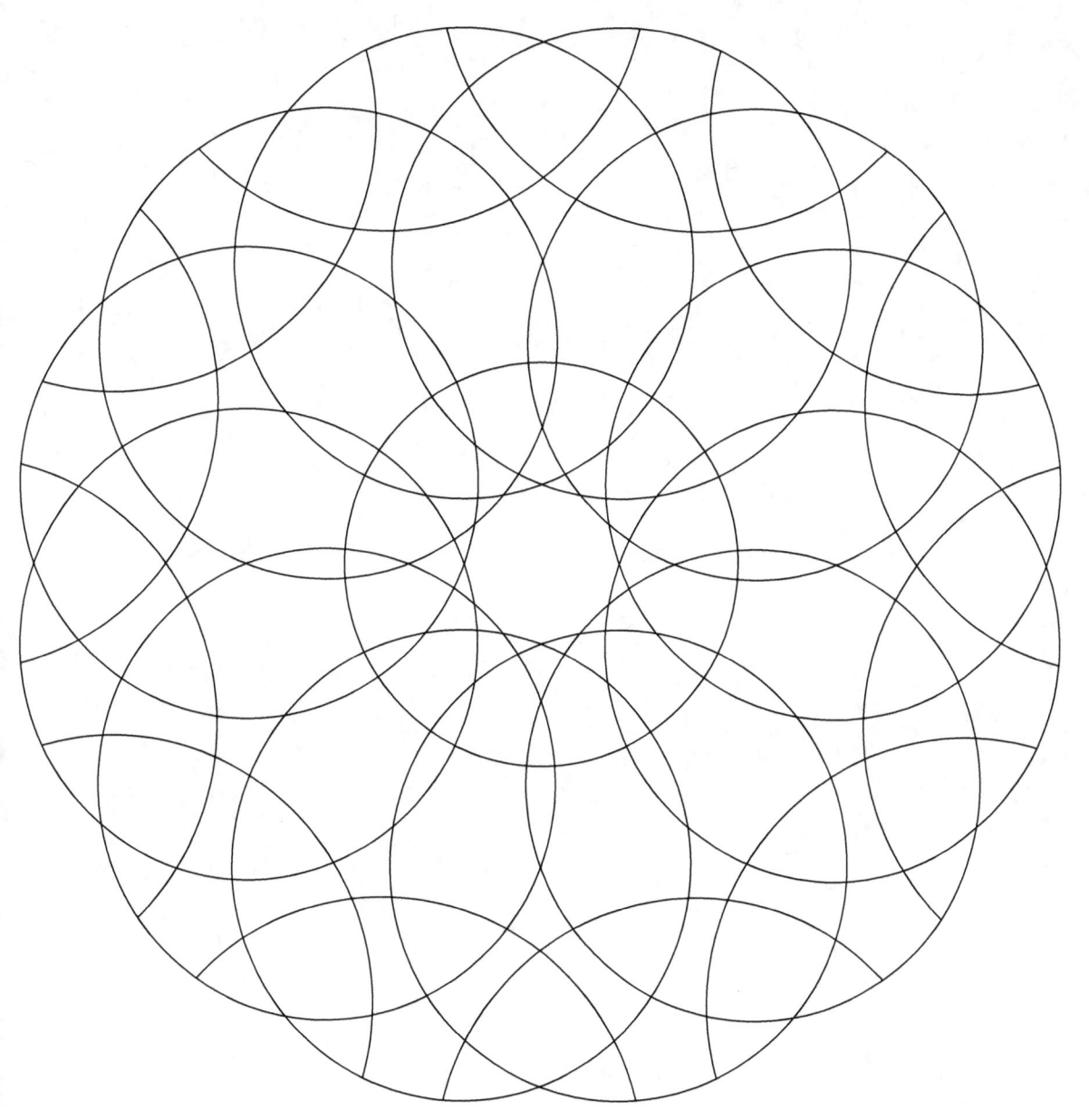

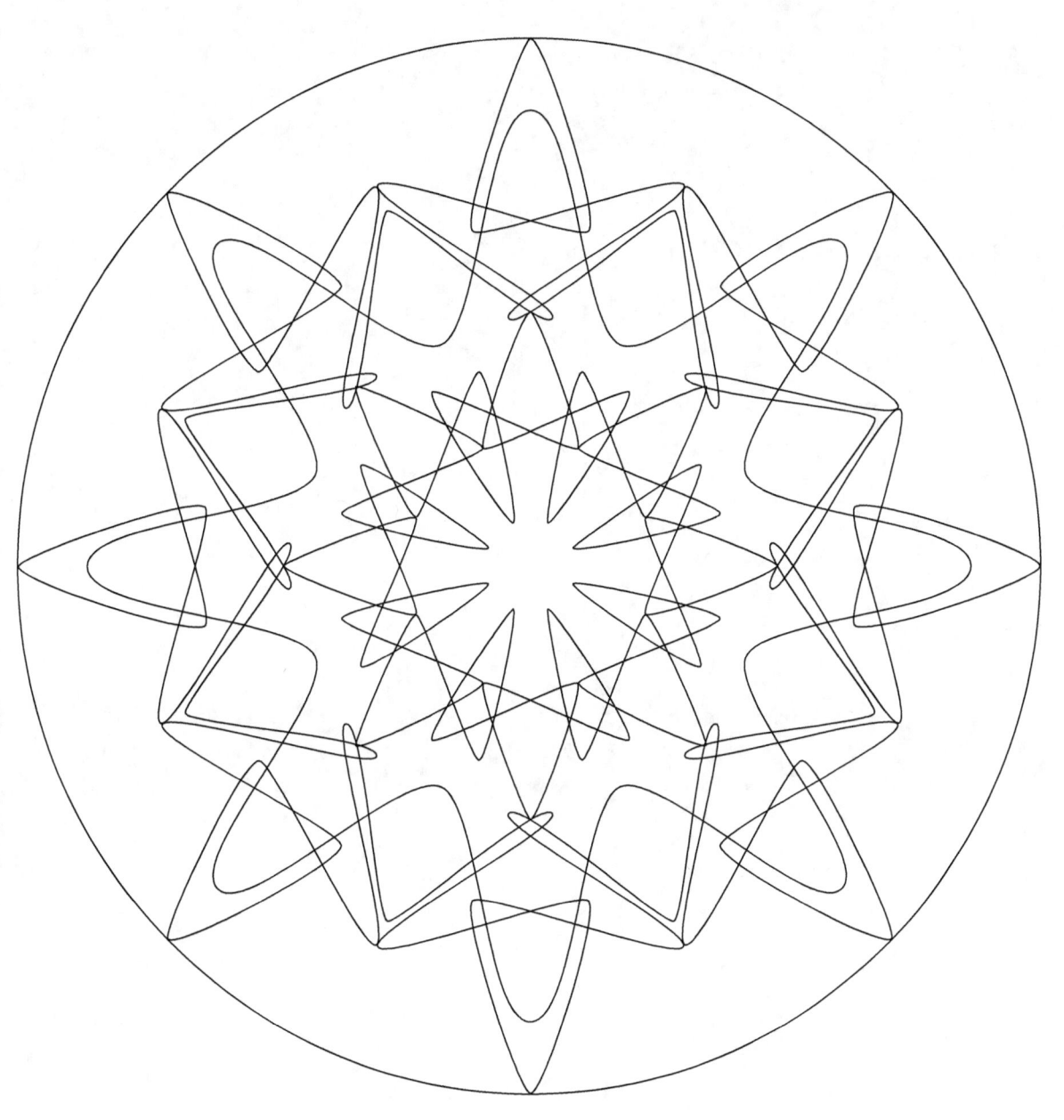

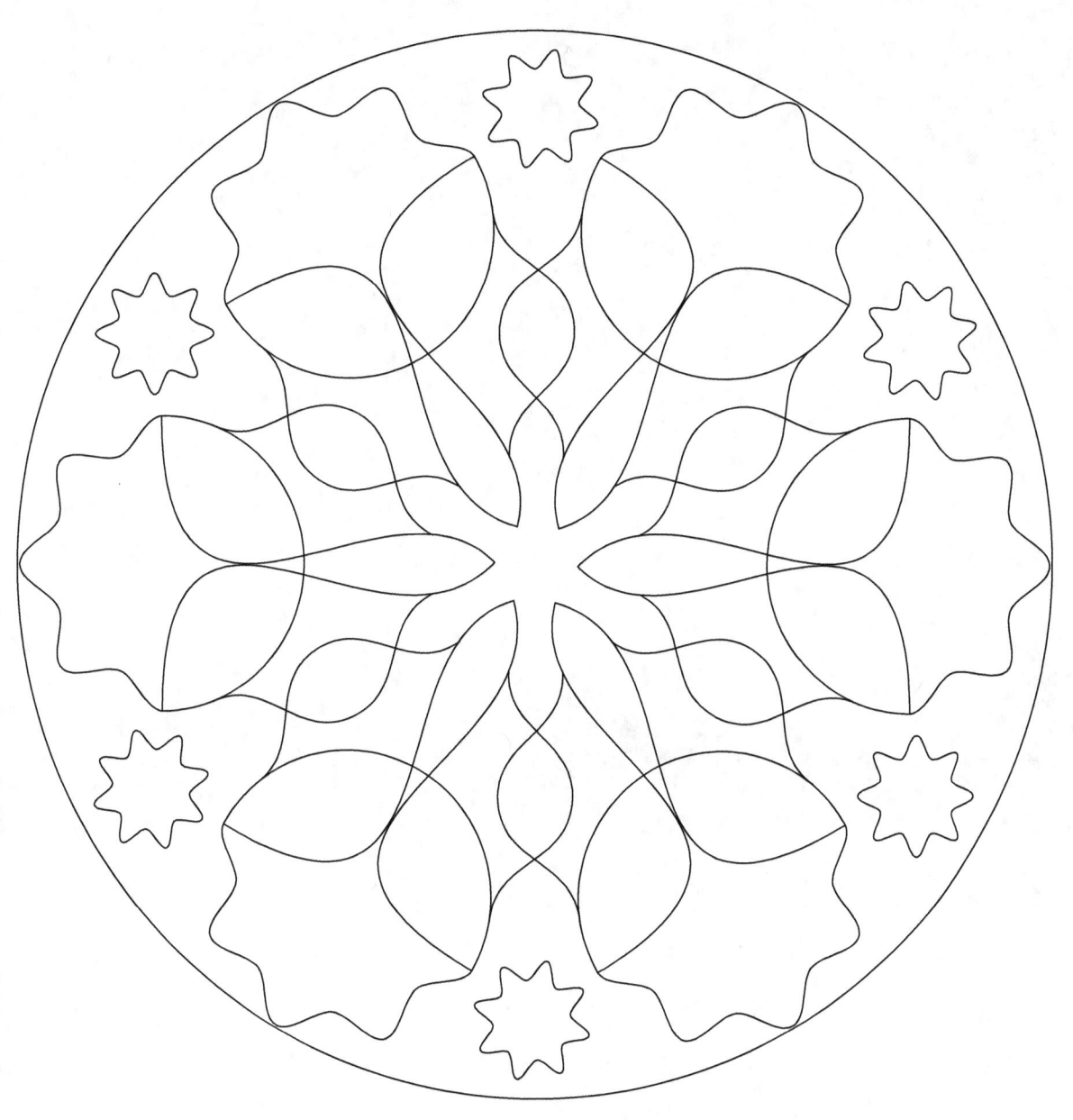

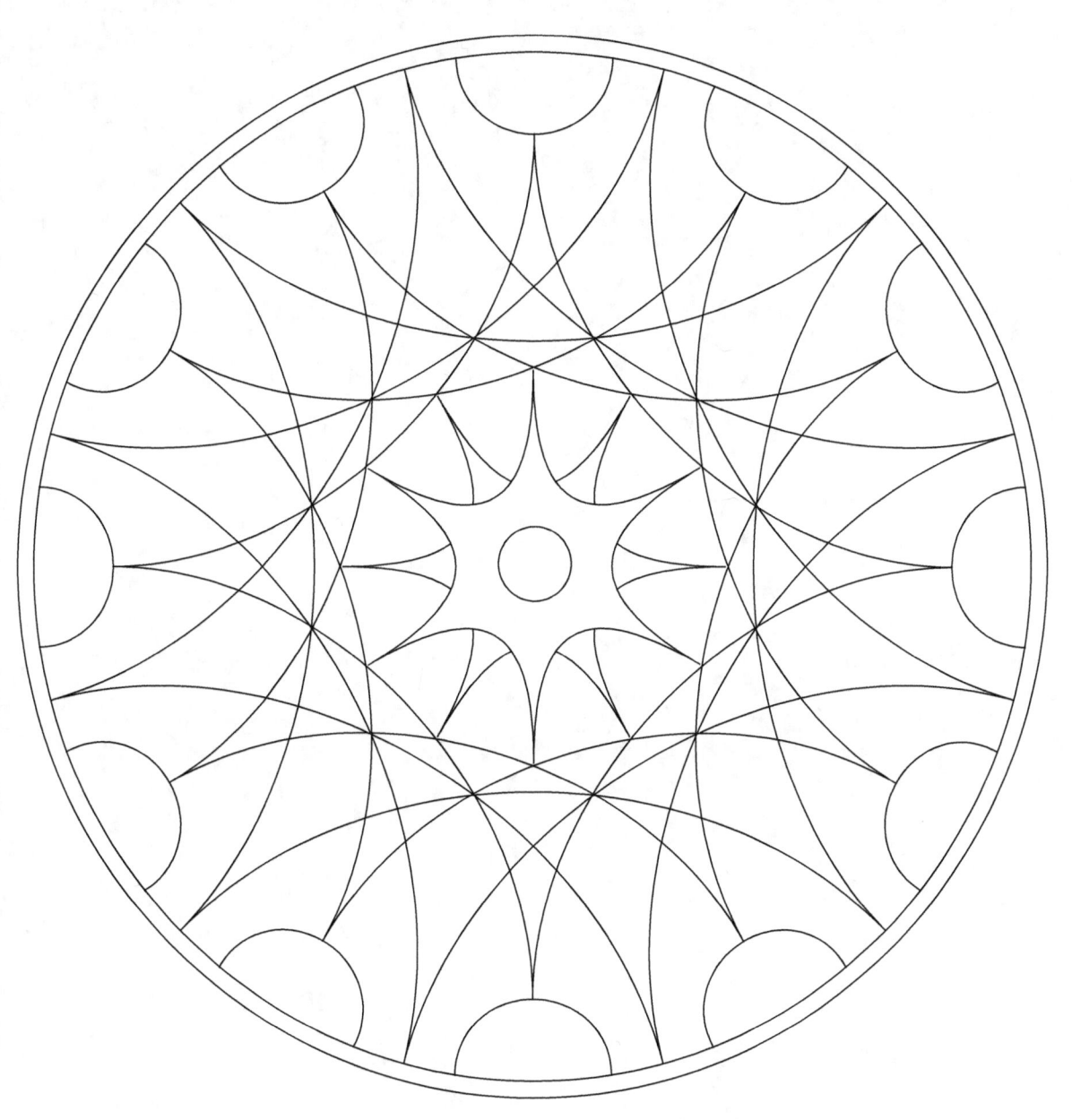

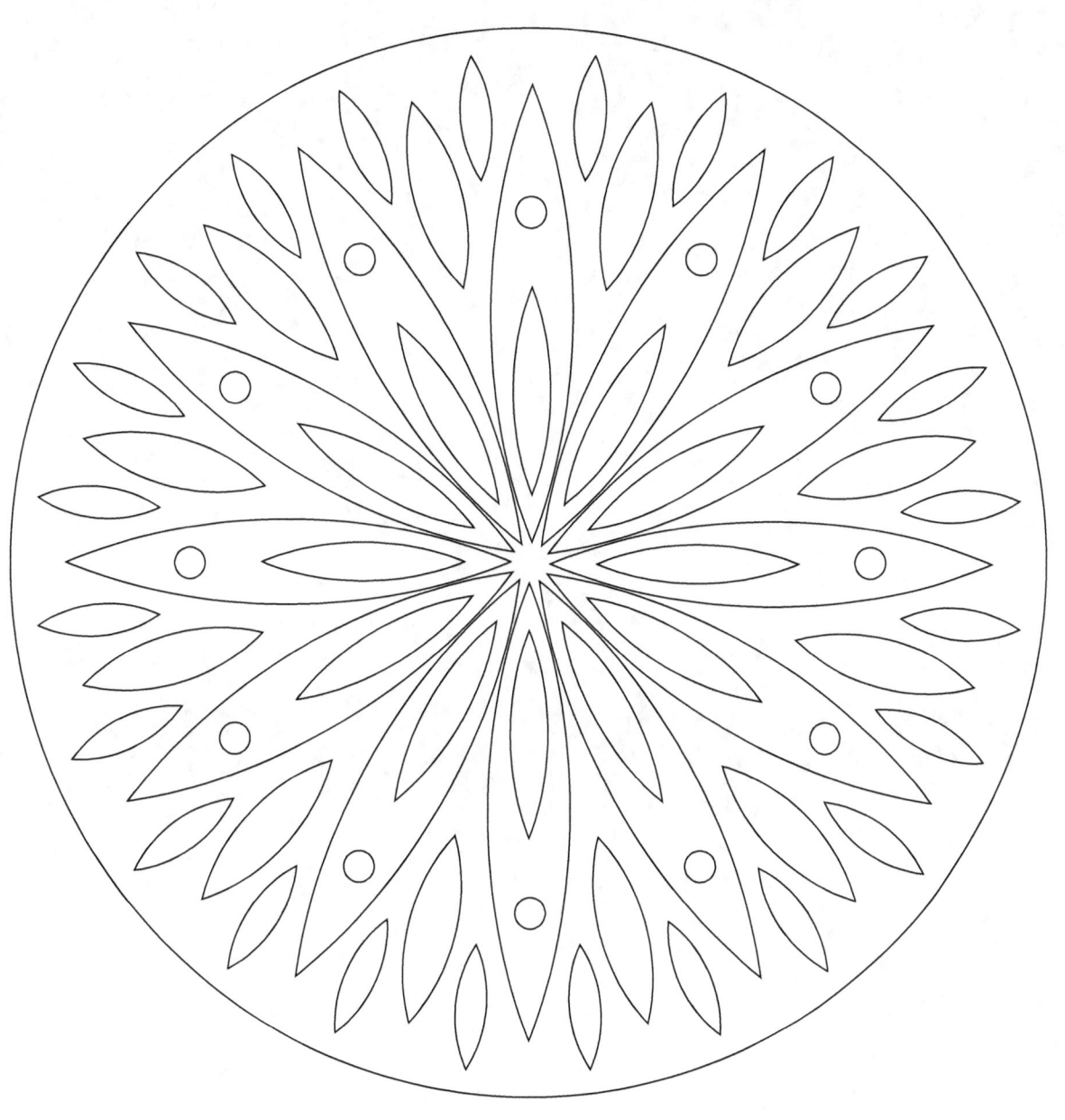

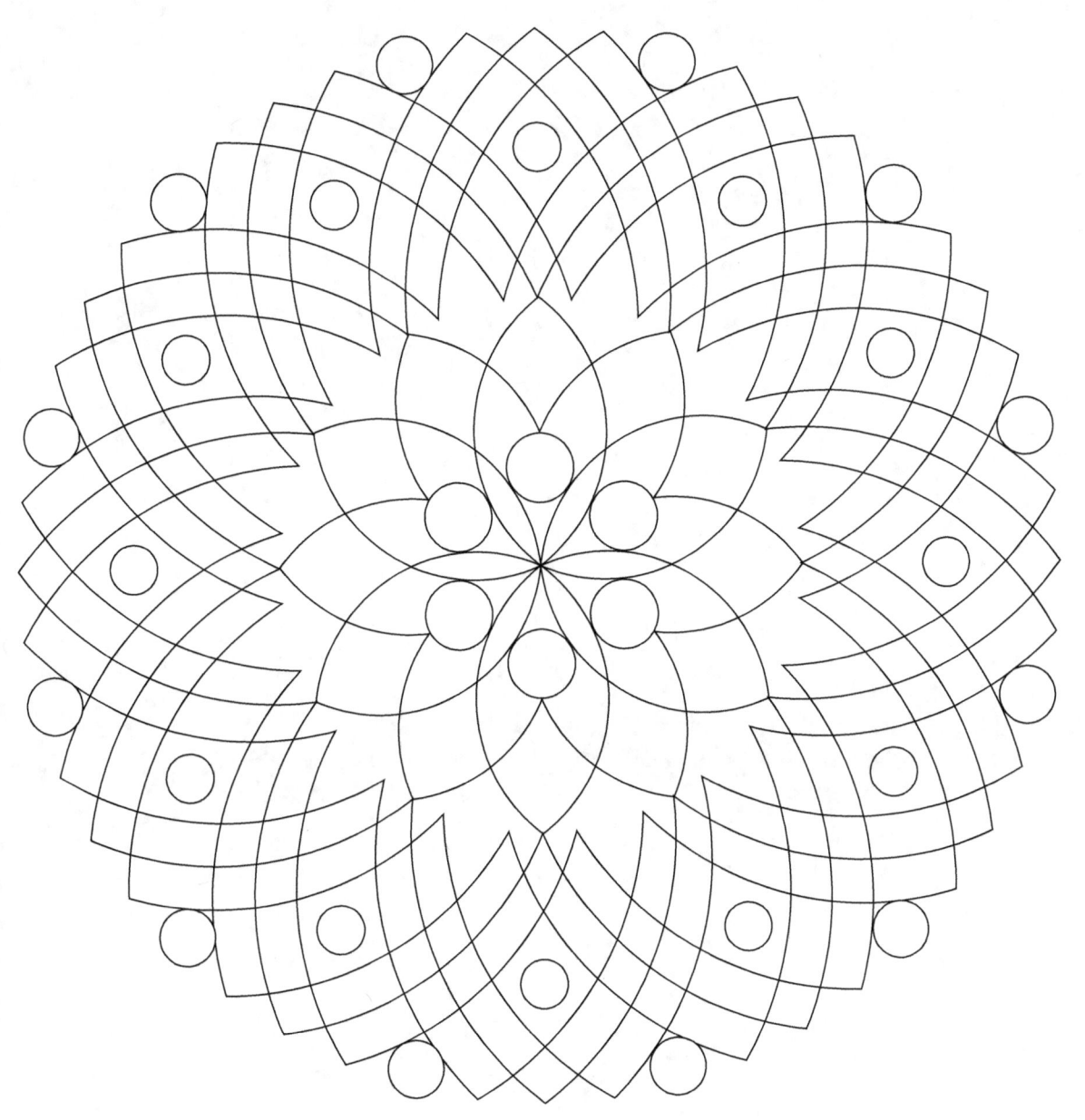

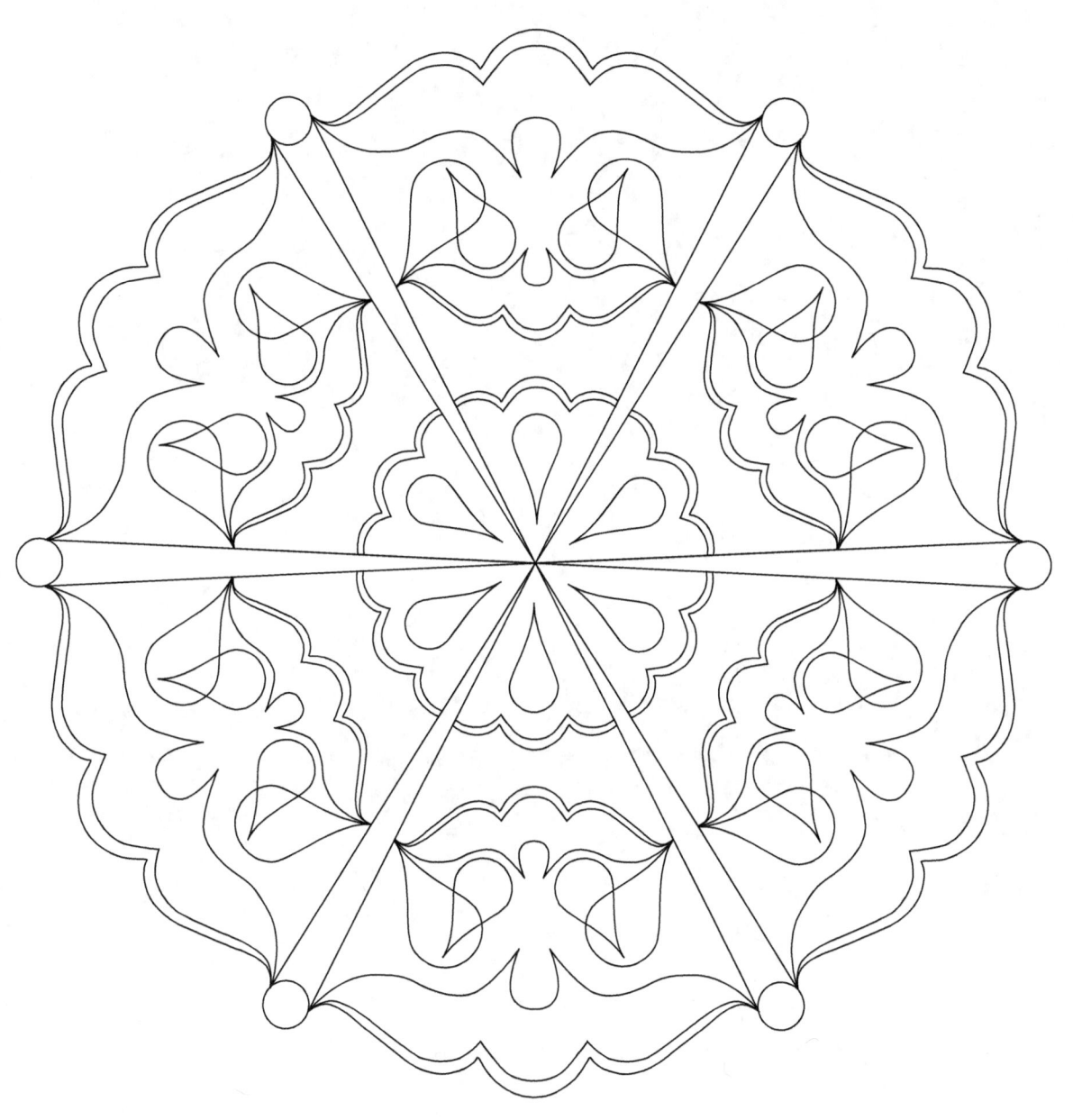